Martin Grabe

LEBENSKUNST VERGEBUNG

Martin Grabe

Lebenskunst Vergebung

Befreiender Umgang mit Verletzungen

ergänzte und überarbeitete 5. Auflage

francke

ergänzte und überarbeitete 6. Auflage 2018
ISBN 978-3-86122-962-9
Die Bibelzitate wurden der Übersetzung „Hoffnung für alle“
(Brunnen Verlag Basel und Gießen) entnommen.

35037 Marburg an der Lahn
Umschlagbild: © iStockphoto.com / George Clerk
Umschlaggestaltung: Verlag der Francke-Buchhandlung GmbH /
Sven Gerhardt
Satz: Verlag der Francke-Buchhandlung GmbH
Druck und Bindung: CPI Moravia Books, Korneuburg

www.francke-buch.de

Inhaltsverzeichnis

Dank

Einigen Menschen möchte ich für ihren Beitrag zum Gelingen dieses Buches ganz besonders danken. Es sind:

Christiane, mit der ich glücklich verheiratet bin und die mir durch ihren Einsatz und ihr Verständnis viele Denk- und Schreibtage ermöglichte. Und die (fast) jederzeit dazu aufgelegt war, mit mir meine manchmal sehr speziellen Fragen zu diskutieren,

Elfi Orth, Ulrich Bauersfeld und Klaus-Dieter Neuhofen, die als Psychologin, Theologe und Manager das Manuskript kritisch durchlasen und mich mit einer Menge wichtiger Hinweise versorgten,

die Patientinnen und Patienten der psychotherapeutischen Abteilung, die durch ihre Fragen und ihre Lebensgeschichten das Thema Vergebung in seiner Bedeutung immer klarer hervortreten ließen,

und

Anne-Ruth und Dr. Klaus Meiß vom Verlag der Francke-Buchhandlung GmbH, mit denen die Zusammenarbeit Freude machte.

Martin Grabe

Vergebung ist ein mächtiger Angriff auf alle Übel des gemeinsamen Lebens.

Ralf Luther

Unrecht ist wie eine falsche Münze.
Alle geben sie weiter, aber die starken Herzen setzen sie außer Kurs.

Carl Zuckmayer

1. Einleitung: Wozu Vergebung?

„Na, kein Wunder, Ihre Festplatte ist ja total voll!“, meinte der Techniker. Wir standen nebeneinander vor dem Computer in meinem Büro, und der Grund vieler Probleme war auf einmal klar. Das Gerät war in letzter Zeit immer langsamer geworden und hatte häufig komplett gestreikt. Ich hätte ja wirklich auch selbst draufkommen können, dachte ich.

Auf der Festplatte sah es jedenfalls ziemlich wüst aus. Doppelinstallationen, alte Programme, die ich gar nicht mehr brauchte, umfangreiche Bilderordner und viel Durcheinander.

So technisch, wie dieses Beispiel auf den ersten Blick wirkt, gibt es doch gut wieder, wie es in vielen Menschenleben aussieht. Im Laufe der Jahre häuft sich immer mehr an. Es sind so viele Dinge, die wir weder haben wollen noch gebrauchen können und die wir trotzdem in unserer Seele mit durchs Leben schleppen. Immer mehr emotionale Energie wird gebunden, um diese alten Geschichten in Schach zu halten, und immer weniger Energie steht zur Verfügung, um neue kreative Prozesse in Gang zu setzen.

Was kommt da auf die Jahre gesehen nicht alles zusammen: Ungerechtigkeiten durch die Eltern, Gemeinheiten unserer Geschwister, ungerechte Lehrer, Hänseleien durch Klassenkameraden, Ausbilder im Beruf, die ihre Amtsstellung missbrauchen, Mobbing am Arbeitsplatz. Selbst mit dem Partner[1], den wir ja (hoffentlich) selbst wählen, ist es

[1] Aus Gründen der Lesbarkeit wird für beide Geschlechter in der Regel die sprachlich kürzere Form aufgeführt.

oft nicht grundsätzlich anders. Auch im Laufe der meisten Ehen sammeln sich die Verletzungen. Es gibt immer mehr Punkte, die man besser vermeidet, weil es „da ja sowieso wieder Krach“ gibt, viele stumme Vorwürfe, weil sich beide in ihren Lebensmöglichkeiten durch den anderen eingeschränkt sehen, ohne jedoch einen Ausweg zu wissen. Kommt es schließlich zur Trennung, ist diese meist mit weiteren heftigen Verletzungen verbunden.

Außerdem gibt es viele Menschen, die im Laufe ihres Lebens Opfer wirklicher Verbrechen werden und das auch tragen müssen. Erinnert sei nur an Bewohner von Kriegsgebieten und das häufige Vorkommen von sexuellem Missbrauch von Kindern in Familien.

Es sammelt sich viel an. Jeder Mensch ist von den oben erwähnten Dingen mehr oder weniger betroffen. Und jeder von Ihnen kennt Männer und Frauen, die alt und verbittert sind, weil sie im Laufe ihres Lebens so viele negative Erfahrungen gesammelt haben, dass es kaum noch einen Bereich gibt, der unbelastet ist. Am sichersten kommt es ihnen noch vor, wenn sie sich in ihre vier Wände zurückziehen und möglichst wenig Kontakte haben.

Aber was ist das für ein Leben? Und wie viel Zeit für negative Grübeleien hat ein Mensch gerade in der Einsamkeit! Kann man es da noch als geradezu gnädig bezeichnen, dass es wenigstens den Fernseher zum Ablenken und Zeittotschlagen gibt?

Zum Glück gibt es auch andere Lebensgeschichten. Ich denke da z. B. an die Leiterin einer Altenarbeit in Hannover, die ich gut gekannt habe. Nach ihrer Pensionierung begann sie ehrenamtlich, einen Besuchsdienst für Bewohner verschiedener Altenheime zu organisieren. Die

Arbeit wuchs, später kam auch die Planung von Ausflügen und Fahrten für alte Menschen hinzu. Mit 80 Jahren zog sie sich aus der Leitung zurück, arbeitete aber weiter nach Kräften mit und erreichte ein hohes Alter. Solange sie lebte, fielen im Gespräch mit ihr immer wieder sehr schnell zwei Tatsachen auf: Sie war mit ihrem Leben zufrieden, und sie hatte eine Fähigkeit entwickelt, andere Menschen konsequent von ihrer positiven Seite her zu sehen.

Mir geht es bei diesem Beispiel aber nicht darum, ob jemand besondere Dinge leistet oder nicht. Mir geht es um die Frage, ob ein Mensch im Laufe seines Lebens negative Erlebnisse und Gefühle ansammeln muss, die ihn zunehmend mehr seiner Energie und Zeit kosten. Ob es so sein muss, dass Unrecht und negative Erfahrungen nicht nur, während sie sich ereignen, sondern zum Teil auch noch Jahre danach immer wieder Zugriff auf uns haben und uns Lebensmöglichkeiten verbauen dürfen. Was da passiert, heißt im Deutschen „sich ärgern". Menschen ärgern *sich selbst.*

Angenommen, Sie haben zurzeit gerade ein konkretes Grübelthema: Wie viele weitere Stunden darf es Ihnen noch verderben? Sie ahnen es: Ich bin davon überzeugt, dass es nicht so sein muss. Das Konzept der Vergebung spielt dabei eine Schlüsselrolle.

Dieses Buch ist ein Buch für Betroffene. Es nimmt vor allem die Perspektive der Menschen ein, die Verletzungen erfahren haben. Ebenso ist es für Personen gedacht, die Betroffenen sinnvoll helfen wollen, nämlich Seelsorger und Psychotherapeuten.

Die Grundfrage, die dieses Buch beantworten möchte, lautet: Wie kann ich mit Unrecht, das mir geschehen ist, so umgehen, dass es mir nicht immer noch weiter schadet?

Oder um es in einem Bild zu sagen: Es geht darum, den piksenden Stachel endlich aus der Handfläche zu entfernen, anstatt die Hand nicht mehr zu benutzen.

Menschen, die Opfer von Unrecht geworden sind, müssen Entlastung und Befreiung von Hass, Angst und Grübeleien finden, um wieder aktiv und kreativ leben zu können. Vergeben und Vergebenlernen hat in diesem Prozess eine zentrale Bedeutung.

In den nächsten Kapiteln werde ich versuchen, das Thema Vergebung so zu behandeln, dass möglichst viele Betroffene etwas damit anfangen können. Es gibt unendlich viele Möglichkeiten, wie ein Mensch zum Betroffenen werden kann, und es gibt keinen Menschen, der nicht an dieser oder jener Stelle von Unrecht getroffen wurde.

Es gibt aber nur wenige Wege, wie ein Mensch mit Unrecht, das ihm geschehen ist, so umgehen kann, dass es gut für ihn ist. Es sind die drei Wege der Vergebung. Ich werde versuchen, diese so klar und anschaulich darzustellen, dass ein Leser sie wirklich beschreiten kann.

Es handelt sich in diesem Buch um eine auf das Leben angewendete Theorie der Vergebung. Es wird ein Modell entfaltet, wie Vergebung arbeitet, wo sie ansetzt und was sie nützt. Möglicherweise müssen Sie beim Lesen einiges von dem revidieren, was Sie bislang dachten, wenn Sie das Wort „Vergebung" hörten. Das hängt damit zusammen, dass Vergebung zwar schon immer in der christlichen Theologie eine Rolle spielte, in der Psychotherapie aber bisher wenig entdeckt bzw. als Konzept angewendet wurde. Es gibt im deutschsprachigen Raum nur wenige Ausnahmen, z. B. die Veröffentlichungen von Tausch (Tausch 1989, Tausch 1993). In der neu erschienenen Dissertation der Theologin Beate Weingardt zum Thema Vergebung findet sich ein guter Überblick über den bisherigen Stand der Forschung (Weingardt 2000, insbes. ab S. 61).

In diesem Buch wird Vergebung zum einen als allgemein gültiges Konzept entfaltet, das weitgehend unabhängig von religiösen oder philosophischen Voreinstellungen anwendbar ist. Eine erhebliche Ausweitung ihrer Möglichkeiten erfährt die Vergebung aber dann, wenn die spirituelle Dimension einbezogen wird, und zwar speziell die christliche Sichtweise. Das ist die spezifische Chance dieses Buches.

Eine Begrenzung ist auf der anderen Seite, dass das hier vorgestellte Konzept der Vergebung für Menschen, die den christlichen Glauben in wesentlichen Punkten nicht teilen, auch nur in seinem allgemeinen Bereich anwendbar ist. Insbesondere für Betroffene schwerer Traumata, wo richtig verstandene Vergebung meiner Erfahrung nach eine ausgesprochen heilsame Wirkung entfalten kann, lässt sich ohne den Glauben an Gott nur ein Teil der hier beschriebenen Möglichkeiten nachvollziehen.

Vielleicht dient dieses Buch aber auch dazu, dass sich der eine oder andere Leser gerade über diesen Weg, nämlich über das christliche Konzept der Vergebung nachzudenken, einen Zugang zum Glauben erschließen kann.

In meinen Visiten in der psychotherapeutischen Abteilung wird immer wieder deutlich, welch zentrale Rolle das Thema Vergebung in psychotherapeutischen Prozessen und in der Lebensbewältigung überhaupt spielt. So entstand aus sehr vielen kurzen Gesprächen, wo oft nur einige wenige Hinweise gegeben werden konnten, der Wunsch, das Thema einmal im Zusammenhang darzustellen.

Ich wünsche Ihnen, dass der altbekannte Begriff „Vergebung“ für Sie beim Lesen eine neue Bedeutung und Anwendbarkeit gewinnt, die sich befreiend und entlastend im Leben auswirkt.

Es geht um eine Lebenskunst.

2. Kränkungen und ihre Auswirkungen

Bevor wir uns mit der Vergebung an sich beschäftigen, muss die Frage gestellt werden, was denn eigentlich die Situation ist, in der Vergebung einen Sinn macht. Gibt es ein Problem, für das Vergebung die Lösung ist? Und wie sieht dieses Problem aus?

Der Ansatzpunkt für die Vergebung ist die Situation, die entsteht, wenn im Erleben eines Menschen eine andere Person an ihm schuldig geworden ist. Wenn eine von außen zugefügte Handlung als Unrecht erlebt wird, hat das bestimmte Auswirkungen. Die Seele versucht, diese Situation zu verarbeiten, wozu ihr bestimmte Mechanismen zur Verfügung stehen. Die weitere Entwicklung wird dann oft mehr von diesen Verarbeitungsprozessen geprägt als vom geschehenen Unrecht selbst.

Der eigentliche Gegenstand der Vergebung ist die Kränkung.

An zwei der Realität eng nachempfundenen Fallbeispielen möchte ich im Folgenden zunächst deutlich machen, was Kränkung eigentlich bedeutet und welche Auswirkungen sie hat. Dabei wähle ich bewusst alltägliche Beispiele, die vielen Menschen passieren könnten, damit die Zusammenhänge deutlicher werden.

Erstes Beispiel: *Andreas W. steigt aus dem Auto und schüttelt den Kopf. Das gibt's doch gar nicht. Nun hat er Wochenende, zwei Tage frei, eine (meistens) ziemlich nette Familie zu*

Hause und einen guten Job. Und trotzdem hat er es gerade fertiggebracht, sich die ganze Autofahrt – eine gute Stunde lang – zu ärgern.

Das war aber auch zu heftig, was ihm da vor acht Wochen passiert ist. Auf die Abteilungskonferenz in seiner Firma hatte er sich damals besonders gründlich vorbereitet und – das findet er immer noch – eine richtig gute Idee gehabt. Damit alle schneller im Thema drin sind, hat er schon vorher eine schematische Übersicht an alle Teilnehmer geschickt.

Er hatte erwartet, dass die anderen seinen Vorschlag brauchbar finden. Na ja, oder ziemlich toll eigentlich.

Aber dann passiert etwas ganz anderes. Er merkt schon, als er den Raum betritt, dass die Stimmung irgendwie nicht gut ist. Und dann fällt gleich zu Beginn dieser Kollege über ihn her: So etwas hat er in der Firma noch nicht erlebt. Wie er es wagen kann, sich so unqualifiziert in seinen Bereich einzumischen, ob er alle Strukturen durcheinanderbringen möchte, gerade noch gefehlt, so was, und so weiter.

Die Anschuldigung hat so eine Wucht, dass Andreas W. in der Situation viel zu wenig einfällt. Denkt er hinterher jedenfalls. Er versucht irgendwie, sich zu verteidigen, ein, zwei Leute sagen auch noch etwas Beschwichtigendes, aber die Mehrheit im Raum scheint zu glauben, dass der Kollege völlig richtig liegt. Auch der Abteilungsleiter hält sich weitgehend bedeckt und stützt damit die Kritik.

Seinen Vorschlag, viele Stunden Arbeit, kann er jedenfalls erst mal vergessen. Davon ist danach überhaupt nicht mehr die Rede. Ein paar Tage später gibt es sogar noch so etwas wie einen Schlichtungsversuch, den der Abteilungsleiter eingefädelt hat. Bei dieser Aussprache glaubt Andreas W. fast schon selbst, dass er das Ganze nicht persönlich nehme, eine Sachdiskussion natürlich mal sein müsse und so weiter. Jedenfalls hat er das so gesagt.

Aber die Wirklichkeit ist eine andere. Er hasst diesen Kollegen. Er kann gar nicht sagen, wie sehr er ihn hasst. Und er wird es auch keinem sagen. Zum Beispiel, was er mit diesem Kollegen machen würde, wenn er mal könnte. Das hat er sich im Auto gerade ziemlich lange ausgemalt.

Immer wieder hat er auch die Situation in der Konferenz in Gedanken durchgespielt. Wie er hätte antworten können, um den Kollegen genauso zu verletzen, wie der ihn verletzt hat. Und was für eine Sauerei es war, dass die anderen dabeisaßen wie die Ölgötzen und ihn nicht ordentlich verteidigt haben.

Ja, so war es – damals vor acht Wochen und jetzt auf dieser Autofahrt.

Immerhin wundert Andreas W. sich ein bisschen. Denn, das wird ihm beim Aussteigen klar, es ist ein herrlicher sommerlicher Spätnachmittag, und er hat doch jetzt frei. Auch die Landschaft, durch die er gefahren ist, ist eigentlich richtig nett. Das weiß er, gesehen hat er es diesmal nicht. Warum ist ihm das wieder passiert – wie schon so viele Male vorher? Dass er derartig in diese Grübeleien und Hassgedanken hineingeraten ist, dass er nicht mehr abschalten konnte. Zeitweise hatte er einen richtig schnellen Herzschlag. Gesund ist so was auf die Dauer auch nicht, denkt er. Wenn er beruflich so richtig im Stress ist, geht es ihm fast besser. Dann ist er ganz bei der Sache, kann sich freuen, wenn etwas klappt, oder ärgern, wenn etwas nicht vorangeht, aber irgendwie passt es besser zum Leben. Und er denkt auch nicht mehr dran, wenn er Feierabend hat.

Zweites Beispiel: *Karin G. ist Hausfrau und hat eine Familie mit drei Kindern. Ganz schön viel Arbeit, findet sie manchmal, zumal ihr Mann oft erst ziemlich spät aus dem Büro nach Hause kommt. Aber sie findet auch, dass sie es gar nicht schlecht managt. Jedenfalls läuft der Laden. Ihre Mutter ist da allerdings oft anderer Meinung. Und sie ist es nicht gewohnt, damit hinter dem Berg zu halten. Karin ist als jüngere von zwei Schwestern aufgewachsen und war, solange sie zu Hause wohnte, immer die Kleine, Unordentliche, die ihre Sachen ohne Hilfe nicht geregelt bekam. Ihre Mutter ist tatsächlich eine fast perfekte Hausfrau (ein Putzteufel, sagt Karin heute manchmal). Solange Karin zu Hause lebte, hatte sie immer etwas an ihrem Zimmer, ihren Hausaufgaben und an ihrem Äußeren auszusetzen. Diese zog dann ziemlich früh wegen ihrer Berufsausbildung aus. Sie wollte es ihren Eltern auch zeigen. Im Gegensatz zur Schule bestand sie ihre Prüfungen jetzt mit Auszeichnung und fand anschließend eine gute Stelle. Zufrieden war Karin aber immer noch nicht. Sie hatte das Gefühl, erst glücklich sein zu können, wenn sie verheiratet sei und Kinder habe. Karin hatte eine Fantasievorstellung, die immer wiederkehrte. Sie stellte sich vor, wie sie eines Tages ihre Mutter stolz in ihrem eigenen Haus herumführen würde.*

Alles trat ein. Karin ist relativ glücklich verheiratet, hat Kinder und ein eigenes Haus. Nur der letzte Punkt ging nicht in Erfüllung.

Als ihre Mutter das erste Mal nach dem Einzug zu Besuch kam, meinte sie beim Aussteigen und mit Blick auf Karins Vorgarten: „Oh, hier muss ja dringend mal gemäht werden." Karin war fertig. Zumal es in diesem Stil weiterging. Die wackelnde Fliese im Flur, der fehlende Geschirrspüler und so fort.

Wenn Karin mit ihrer Mutter telefoniert, ist sie anschließend oft nicht zu gebrauchen. Mal ist sie deprimiert, meist aber richtig wütend. „Immer hat sie irgendwas an mir herumzumeckern! Anstatt einmal zu fragen, wie es uns denn geht und was wir denn wollen, weiß sie immer gleich Bescheid", schimpft sie.

Im Alltag geht es ihr nicht viel anders als Andreas W.: Manchmal braucht sie sich nur daran zu erinnern, was ihre Mutter zu einer Sache gesagt hat, und schon ist sie in negativen Grübeleien. Was für eine Unverschämtheit das doch damals war, wie sie ihrer Mutter schlagfertig hätte antworten können und wie ihre Mutter auch manches falsch macht. Zum Beispiel ging ihr das lange Zeit so, wenn sie nur ihren Vorgarten sah.

Trotzdem hält Karin den Kontakt immer weiter aufrecht. Es gibt offensichtlich etwas, das sie an ihre Mutter bindet. Sie kann sich nicht wirklich befreien, im Gegenteil, sie setzt sich immer wieder neuen Verletzungen aus und leidet immer wieder. Inzwischen reichen schon kleine Andeutungen oder gar Blicke ihrer Mutter, die andere gar nicht bemerken, um eine Kaskade negativer Gedanken auszulösen.

Diese beiden Fallgeschichten können nur einen winzigen Ausschnitt dessen wiedergeben, was sich an Verletzungen unter Menschen ereignet. Es gibt leider noch viel, viel Schlimmeres. Die Beispiele reichen aber aus, um einige wesentliche Punkte über das Wesen der Kränkung deutlich zu machen. Beide Geschichten sind sehr unterschiedlich gelagert: in der ersten handelt es sich um ein einmaliges, heftiges und unerwartetes Ereignis, in der zweiten um eine chronifizierte Beziehungsstörung. Und doch ist in beiden Fällen gemeinsam, dass die anfängliche, eigentliche Verletzung nur einen Bruchteil der emotionalen Belastung ausmacht, die sie später insgesamt für die Betroffenen bedeutet. Eine viel stärkere Rolle spielt der innere Prozess, der sich an die Verletzung anschließt. Die Situation wird immer wieder nacherlebt, meist unter dem Vorzeichen, wie ein Mensch denn besser, schlagfertiger, aggressiver hätte reagieren können. Hinzu kommen Hass- und Rachefantasien, über die Betroffene oft gar nicht reden mögen, da sie sich dafür vor Beziehungspartnern oder gar in der Öffentlichkeit schämen würden. Verhindern können sie diese aber trotzdem nicht.

Gerade Opfer wirklich heftiger Verletzungen können in einen Kreislauf geraten, wo sie sich immer wieder selbst schädigen, ihr Leben deformieren und Lebenszeit unglaublich stressig und negativ verbringen. Viel Zeit und viel Energie sind gebunden und stehen dem übrigen Leben nicht mehr zur Verfügung.

Natürlich haben diese intrapsychischen Prozesse ihren Sinn. Zum einen ist es eine typisch menschliche Eigenschaft, die uns auch von den Tieren unterscheidet, dass wir unser Leben reflektieren und die Zukunft in Gedanken vorwegnehmen können. Wir können planen und üben, um zukünftige Herausforderungen zu bestehen. Wenn wir an einem Punkt gescheitert sind oder Enttäuschungen erlitten haben, ist es normal und oft sehr nützlich, dass wir uns Gedanken darüber machen, wie wir die gleiche Situation das nächste Mal besser bewältigen können. Zum Beispiel könnte ein Vertreter, der einen Kundentermin verpasst hat, weil er sich verfahren hat, beschließen, sich endlich ein Update für sein Navigationsgerät zu besorgen und auf jeden Fall sein Handy mitzunehmen. Die meisten finden auch, dass ein Politiker, der bei einer Wahl deutlich weniger Stimmen bekommen hat als das letzte Mal, sich Gedanken machen sollte, warum das wohl so ist. Auch wenn wir in Beziehungen abgelehnt werden, ist es bis zu einem gewissen Grade sinnvoll, darüber nachzudenken, wie wir anders auf die betreffenden Menschen zugehen könnten.

Bei Andreas W. ist diese Komponente auch enthalten. Immer wieder spielt er die Situation, die ihn so verletzt hat, in Gedanken durch. Natürlich ist es sinnvoll, dass er darüber nachdenkt, wie er in Zukunft in ähnlichen Situationen reagieren könnte. Er könnte sich Sprüche zurechtlegen, mit denen er allzu forsche Angreifer erst einmal bremsen, Zeit gewinnen und ihnen vielleicht den Wind aus den Segeln nehmen könnte. Er könnte sich auch vornehmen, in Zukunft noch stärker alles Wichtige mit dem Abteilungsleiter vorzubesprechen, um Rückendeckung zu haben und nicht noch einmal allein im Regen zu stehen. All das kann je nach Situation sinnvoll sein, und es gibt allerhand Beratungsbücher mit Tipps zu solchen Themen. Es ginge darum, die Erfahrung konstruktiv zu nutzen und für die Zukunft zu lernen, ähnliche Situationen besser zu meistern.

Solche Gedanken mag Andreas W. sich auch gemacht haben, aber das ist nicht der Hauptinhalt seiner Grübeleien. Im Wesentlichen geht es um zwei Themen. Nämlich erstens, wie er den Kollegen fertigmachen würde, wenn er mal dürfte. Andreas sind schon einige sehr pfiffige und spitze Bemerkungen eingefallen, die er damals in der Konferenz hätte sagen können, und er hat sich vorgestellt, wie der Kollege dumm geguckt hätte. In letzter Zeit stellt er sich aber – zum Glück muss er das niemandem erzählen – viel öfter vor, wie er den Kollegen körperlich malträtieren würde, wenn er ihn mal zwischen die Fäuste bekäme. In der Realität ist Andreas W. überall als anständiger Familienvater und netter Kollege bekannt und natürlich weit davon entfernt, irgendjemandem gegenüber handgreiflich zu werden. In Gedanken ist es aber zeitweise für ihn ein hoch befriedigendes Gefühl. Nachher erschrickt er allerdings manchmal darüber, was er sich da wieder ausgemalt hat. Eigentlich hat er eine deutlich andere Vorstellung von sich selbst.

Zum anderen geht Andreas W. aber auch immer wieder gedanklich in die Situation, weil er sich darin moralisch überlegen fühlt und das genießt. Was sind die Kollegen doch, von ganz wenigen Ausnahmen abgesehen, für Feiglinge, dass sie sich nicht getraut haben, für ihn Partei zu ergreifen. Dabei wusste doch jeder, dass sein Entwurf super war, und später ist es ja letztlich doch so ähnlich eingefädelt worden. Auch der Abteilungsleiter hat sich von diesem Polterjan einschüchtern lassen. Aber haben das nicht schon viele gesagt? Undank ist der Welt Lohn. Mit Anerkennung braucht man nicht zu rechnen, gerade dann, wenn man besonders viel für die anderen arbeitet. Andreas kommt sich in Momenten, wo er in diese Richtung denkt, gleichzeitig einsam, traurig und großartig vor.

Trotzdem – das merkt er ganz genau – sind diese Gedanken insgesamt eine Belastung. Eine ziemlich große sogar. Sie kommen, wenn er gar nicht damit rechnet, und lassen ihn aufgeregt und gestresst zurück. Er ist unglücklicher als vorher. Es scheint da um einen immer wiederholten

Versuch seiner Psyche zu gehen, etwas in Ordnung zu bringen, was nicht geht. Es geht Andreas wie einem Suchtkranken, der immer wieder dasselbe tun muss, obwohl er weiß, dass es nicht gut für ihn ist und es mit einem Teil seiner selbst hasst.

Worum geht es denn nun bei diesen Fantasien, die Andreas W. hat? Insgesamt um immer wieder ablaufende Versuche, sein Selbstwertgefühl (sein narzisstisches System) zu stabilisieren.

Da ist zum einen die ziemlich archaische Fantasie, seinen Widersacher körperlich fertigzumachen. Andreas fühlt in diesen Phasen einen richtig tiefen, fast bodenlosen Hass, zu dem seine Fantasien nahtlos passen. Nur im Nachhinein hat er ein etwas fades Gefühl und wundert sich auch manchmal, was er sich da so ausdenkt. Offensichtlich gibt es hier in seiner Gefühlswelt verschiedene Ebenen. Das Drei-Instanzen-Modell der Psychoanalyse drängt sich auf, das das Ich des Menschen zwischen dem urwüchsigtriebbestimmten Es und dem moralisch-gebieterischen Über-Ich sieht, zwischen denen es vermitteln muss.

Verhaltensforscher würden darauf hinweisen, dass wir den ersteren Bereich psychischen Erlebens mit den Tieren teilen. Ein Galapagos-Echsenmännchen z. B., dessen Revier ein anderes Tier betritt, reagiert ausgesprochen aggressiv und versucht den Eindringling zu vertreiben (s. Eibl-Eibesfeld 1970). Wo käme das Echsenmännchen auch hin, wenn es sich beliebig aus seinem Revier schubsen ließe? Ein Weibchen würde sich so jedenfalls nicht gewinnen lassen. Also übernehmen instinktbedingt bestimmte Gehirnteile die Kontrolle und veranlassen eine ordentliche Hormonausschüttung: Der Herzschlag wird schneller, der

Blutdruck steigt, und Nährstoffe werden den Muskeln zur Verfügung gestellt. Kurz, das Tier ist kampfbereit. Auslöser ist eine Bedrohung des Lebensumfeldes, das es als seines ansieht.

Da geht es Andreas W. nicht viel anders. Jedenfalls merkt er, dass sein Puls steigt, je heftiger er wieder nachgrübelt.

Es gibt aber auch andersartige Fantasien. Wo er sich ausdenkt, welche intelligenten, messerscharfen Bemerkungen er hätte machen müssen, um seinen Widersacher am meisten zu verletzen. Doch auch hier geht es im Grunde um nichts anderes als um Revierverteidigung und Schädigung des Gegners. Das machen schon die bildhaften Begriffe unserer Sprache dafür deutlich: messerscharf, giftig, Pfeile abschießen usw. Nur kommen diesmal die kulturell zugelassenen Waffen der Neuzeit zur Anwendung. Im Berufsumfeld von Andreas gehört sogar dazu, dass unter strikter Vermeidung von Schimpfwörtern gekämpft wird, trotzdem kann es umso herabsetzender sein.

Indem Andreas W. in Gedanken den Gegner erniedrigt, kann er sich selbst über ihn stellen. Das konnte er in der wirklichen Situation nicht, wie er nur zu gut weiß. Offensichtlich gibt es einen Anteil seiner Seele, der ihm das immer wieder in der Fantasie ermöglichen will. Allerdings ohne dass es, außer für den Augenblick, wirklich etwas bringt.

Dann gibt es da noch die moralische Schiene. Das ist nun wirklich eine andere Art Fantasie als die eben besprochenen, die Andreas ja meistens selbst etwas unmoralisch vorkommen.

Wenn er sich in den Gedanken ergeht, wie schlecht und feige die anderen sich in der verletzenden Situation verhalten haben, kommt er sich zwar einsam, aber auch großartig vor. Er steht moralisch über dem Rest der Abteilung. Wir als Beobachter vermuten allerdings, dass es sich auch hier in dieser Absolutheit eher um eine Wunschfantasie handelt als um die Realität, auch wenn Andreas schwer gekränkt wurde. Aber indem Andreas W. dieser Größenfantasie nachhängt, kann er sich narzisstisch aufwerten. Er hat bessere Ideen als die anderen und ist zudem noch mutiger. Ist ja kein Wunder, wenn die anderen neidisch sind.

Diese Haltung lässt sich eigentlich nur in der Isolation von den anderen aufrechterhalten. In der Zeit nach dem Ereignis tat Andreas auch das Seinige dazu, indem er sich mehr zurückzog. Aber in der Zusammenarbeit mit den Kollegen, vor allem, wenn es gerade gut läuft, vergisst er oft über lange Strecken, dass diese ja eigentlich moralisch unter ihm stehen. Das ist nur so, wenn die Erinnerungen wiederkommen.

Der Hauptunterschied zum zweiten Beispiel ist, dass Karin G., die ihre Mutter lebenslang kennt und sich seit Langem der destruktiven Kraft dieser Frau auf ihr Selbstwertgefühl bewusst ist, sich doch immer wieder der schädigenden Situation aussetzt.

So unlogisch dieses Verhalten auf den ersten Blick scheinen mag, ist es doch ausgesprochen weit verbreitet! Selbstverständlich nicht immer in so deutlicher Form wie bei Karin. Aber sehr viele unserer Familien sind davon gekennzeichnet, dass destruktive Beziehungsmuster, die zu immer neuen Verletzungen und Kränkungen führen, immer weiter fortgeführt werden. Davon betroffen sind sowohl Partnerbeziehungen als auch Eltern-Kind-Beziehungen.

Die Außenstehenden unerklärlich erscheinende Bindung entsteht oft durch das (meist unbewusste) Gefühl des abhängigen Beziehungspartners, noch etwas „zu bekommen" zu haben, also noch moralische Ansprüche auf Zuwendung in irgendeiner Form einlösen zu können. Die Bindung kann nicht gelöst werden, weil die unbewusste Hoffnung immer noch nicht aufgegeben wurde. Gleichzeitig „bestrafen" sich beide Beziehungspartner – unbewusst und unentwegt – wegen der frustrierten Wünsche auf der einen und der belästigenden Anklammerung auf der anderen Seite. Diese beschreibbaren, gleichförmig sich erhaltenden destruktiven Beziehungsmuster nennt Rapoport „Spiele" (Rapoport 1976).

Karin trägt irgendwo in sich immer noch die Hoffnung, die sie als kleines Mädchen hatte: dass sie ihre Mutter irgendwann einmal stolz auf sich machen könnte. Selbst die Verletzung bei der Hausführung hat ihr diese unbewusste Hoffnung nicht nehmen können. Immerhin ist sie sich ihres Ärgers über das Verhalten ihrer Mutter im Gegensatz zu früher schon recht bewusst. Aber all ihr Schimpfen – und auch ihre Fantasien – nützen ihr im Grunde nichts. Sie versucht zwar, sich in Gedanken kurzzeitig über ihre Mutter zu stellen, wenn sie sich vorstellt, wie sie diese mit Schlagfertigkeit hätte mundtot machen können oder wie diese auch manches falsch macht. Aber die grundlegende Beziehung, die Karin noch „in den Knochen steckt", ist andersherum. Ihre Mutter ist die, die etwas zu geben hat, und sie, Karin, hat darauf zu warten, bis es dieser gefällt, sie Anteil haben zu lassen. So ist Karin im Grunde zeit ihres Lebens nie so richtig glücklich gewesen. Trotz Familie und Besitz hat sie das in ihrer psychischen Welt immer noch

Größte nie bekommen: die Anerkennung ihrer Mutter. Andererseits verbraucht sie viel Zeit und Energie damit, ihren Zustand erträglich zu machen, indem sie sich in Gedanken auf- und ihre Mutter abwertet.

Die Wirkung, die alles, was wir als Unrecht empfinden, auf seelischer Ebene auf uns ausübt, ist also die Kränkung.

Das sollte ich noch etwas begründen. Schließlich sind in den Beispielen ja auch die Schädigungen seelischer Natur. Es gibt aber auch durchaus Unrecht auf der körperlichen und der übrigen materiellen Ebene. Aber auch hier lässt sich relativ schnell zeigen, dass letztlich das Materielle nicht das Ausschlaggebende ist. So kann es z. B. zwar sein, dass einer Person ein großer Geldbetrag gestohlen wird. Das ist dann deutlich, auch juristisch, ein Unrecht und wird von den Betroffenen meist als Kränkung empfunden. Aber andere Menschen, und vielleicht sogar dieselbe Person, spenden freiwillig ebenfalls große Geldbeträge. Das empfindet anschließend aber niemand als Unrecht, obwohl im Endeffekt der gleiche Betrag fehlt. Es ist anschließend auch niemand gekränkt. Im Gegenteil, viele Menschen haben ein besseres Selbstwertgefühl, wenn sie etwas gespendet haben. Es ist also nicht der Betrag an sich, nicht die materielle Schädigung an sich, sondern die Art und Weise, wie etwas einem Menschen abhanden kam. Wenn wir die als Unrecht empfinden, sind wir gekränkt. Wer den genannten Betrag an der Börse verspekuliert hat, ist möglicherweise sauer auf sich selbst, weil er es nicht geschickter angestellt hat. Seine Börsianerehre ist gekränkt. Das ist in der Vergangenheit tatsächlich oft so weit gegangen, dass Menschen in diesem Fall nicht mehr leben wollten, obwohl ihr materielles Auskommen gar nicht ernsthaft infrage gestellt war. Womit wir wieder bei der Kränkung wären, die wir manchmal auch uns selbst gegenüber empfinden können.

Bereiche, in denen Kränkungen möglich sind, entsprechen den klassischen Motivationen bzw. Motoren des menschlichen Lebens: dem Streben nach Besitz, Ehre und Lust. Marx, Adler und Freud haben sich in ihrem Werk jeweils einer dieser Motivationen besonders angenommen. Übrigens werden sie meines Wissens das erste Mal von Aristoteles in dieser Zusammenstellung gemeinsam genannt: in der Nikomachischen Ethik, die ca. 330 v. Chr. entstanden ist (Aristoteles 1969, Buch 1, Kapitel 2).

Diese drei Strebungen definieren gemeinsam den Bereich, den ein Mensch normalerweise im Laufe seines Lebens auszuweiten sucht. Leben ist nicht möglich, ohne überhaupt Raum in diesen Dimensionen zu beanspruchen. Man könnte innerweltliche Existenz geradezu dadurch definieren. Dem entsprechen zum Teil äußere, objektivierbare Besitzansprüche, über die ein Mensch verfügt. Insbesondere geht es aber um ein inneres Bild von sich selbst, das jeder Mensch hat, einschließlich aller seiner realen und fantasierten Möglichkeiten und Fähigkeiten. Er betrachtet eine bestimmte Ausdehnung in den Dimensionen Besitz, Ehre und Lust als zu sich gehörig und definiert sich von dieser her. Dieses Selbstbild hat keine nachweisbaren, für andere fassbaren Grenzen, sondern bildet in erster Linie eine psychische Realität, die sich großenteils unbewusst abspielt.

Anmerken möchte ich an dieser Stelle, dass das hier vorgestellte Modell natürlich weiter ausdifferenziert werden könnte, worauf ich aber verzichte, da es hier vor allem dem Verständnis der Kränkung dienen soll.

Nur wenige Bemerkungen sollen noch gemacht werden. Das Machtstreben ist auch eine häufig genannte Triebfeder für menschliches Handeln. Die Macht habe ich deshalb nicht gesondert aufgeführt, weil sie sich als Motivation immer nahezu vollständig aus den Komponenten Besitz und Ehre zusammensetzt – in jeweils verschiedenen Mischungsverhältnissen. Sie bildet also keine eigenständige Grundkategorie.

Mit „Ehre" ist immer die narzisstische/auf das Selbstwertsystem bezogene Aufwertung durch andere gemeint. Diese kann echte Hochachtung bedeuten wegen besonderer menschlicher Verdienste, sie kann unangemessene Idealisierung bedeuten, wie z. B. im Starkult, und sie kann auch ein Höflichkeitstribut sein, der aufgrund gesellschaftlicher Regeln oder Angst vor negativen Konsequenzen gezollt wird.

Die transzendente Komponente, die Religion und Liebe in sich tragen, erfasst das vorgestellte Modell allerdings nicht. Gemeint ist mit Transzendenz die Sinnfindung außerhalb des durch die genannten Motivationen aufgespannten Bezugsrahmens. Wie diese ebenfalls erhebliche Auswirkungen auf das innerweltliche Selbstgefühl eines Menschen haben kann, wird später beschrieben, insbesondere in Kapitel 11. An dieser Stelle habe ich deshalb der größeren Klarheit wegen den Begriff „Lust" gegenüber der vielschichtigeren Liebe bevorzugt.

Abb. 1 veranschaulicht, wie Kränkungen als Verletzungen des durch die genannten drei Motivationen aufgespannten Raumes aufgefasst werden können. Dieser sieht für jeden Menschen anders aus. Deshalb braucht dieselbe Handlung, die sich auf einen Menschen schwer traumatisierend auswirkt, für einen anderen kaum eine Schädigung zu bedeuten. Er wäre wahrscheinlich an einer anderen Stelle verletzlicher. Um im Modell zu bleiben: Er hat seinen psychisch besetzten Raum hier weniger weit und dort weiter aufgespannt.

Der Vergleich mit dem oben erwähnten Revier der Galapagos-Echsen drängt sich auf. Und tatsächlich geht es darum, dass wir ein psychisches Revier verteidigen müssen, das unser Selbst aufgespannt hat. Wir sind es unserem Selbstwertgefühl schuldig. Wird dieses Revier von außen verkleinert oder angegriffen, erleben wir Kränkung. Unser Selbst begehrt auf und versucht, damit umzugehen.

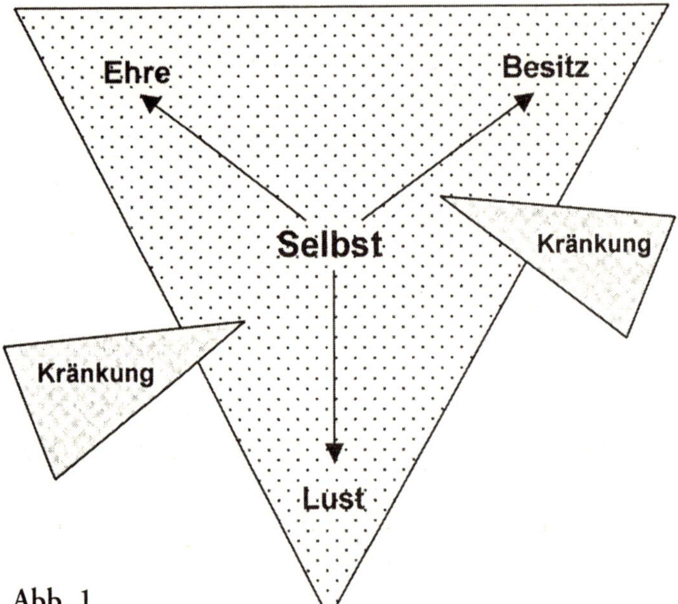

Abb. 1

Der vom Selbst besetzte Raum ist das, was ein Mensch als unbedingt zu sich gehörig erlebt und woran sich seine Identität festmacht. Eingriffe in diese Zone können beim besten Willen nicht ruhig hingenommen werden, weil sie den Kern einer Person berühren. Die Persönlichkeit gerät aus dem Gleichgewicht, wenn auf einmal das infrage gestellt wird, was sie bisher ausgemacht hat. Das ist eine Tatsache, der wir, auch wenn wir es wollten, nicht ausweichen können. Das Schwierige und manchmal sicher auch Gute ist dabei, dass uns niemand ansieht, in welchem Bereich wir wie viel zu uns gehörig erleben. Oft wissen wir es nicht einmal selbst. Erst in dem Augenblick, wo ein Übergriff geschieht, merken wir, wie stark wir betroffen und gekränkt sind. Aber dann ist es passiert. Und die Folgen lassen sich nicht so ohne Weiteres wieder rückgängig machen. Wir merken daran, dass wir am betroffenen Bereich ein Stück unserer Identität festgemacht haben.

Ein Beispiel: *In einem Verein ist ein kleiner Vortrag über Stadtgeschichte geplant. Weil der Referent erkrankt, springt eine Vertreterin ein. Diese erzählt allen, dass sie wirklich nur einspringt, ein ganz kurzes Referat halten will, wo sie sich vor allem an einem Buch orientiert und dass sie von Stadtgeschichte wirklich keine Ahnung hat. Auch am Anfang des Vortrags sagt sie das noch einmal – und glaubt es selbst.*

Als sie nach dem Abend dann hört, dass jemand aus dem Vorstand gesagt haben soll, dieser Vortrag habe ja wohl nichts gebracht, reagiert sie zuerst noch locker. Na, was der denn erwartet habe. Anschließend merkt sie aber, dass sie durch diese Reaktion tief gekränkt ist.

In Wirklichkeit hatte sie sich nämlich doch schon recht stark mit dem Thema identifiziert und im Geheimen auch gehofft, dass sie ordentlich gelobt würde, gerade als Quereinsteigerin in die Stadtgeschichte. Das eigentliche Problem der Referentin ist, dass sie den Bereich „Referat über die Stadtgeschichte“, ohne es zu merken, doch schon stark narzisstisch besetzt hatte.

Wenn eine Person in einem Bereich großzügig sein kann, liegt das vor allem daran, dass sie diesen Bereich nicht oder nur schwach narzisstisch besetzt hat. Sonst könnte sie es nicht!

Auch dazu ein Beispiel: *Familie A. und Familie B. sind Nachbarn in einer Vorstadtsiedlung. Familie A. hat viel Arbeit und drei Kinder. Entsprechend sieht der Garten aus. Für Blumen oder gar Gemüse nimmt sich keiner die Zeit. Herr A. ist schon froh, wenn er sich ab und zu mal dazu aufrafft, den Rasen zu mähen. Die Wiese hinter dem Haus gehört den Kindern. Die spielen da Fußball oder was sie wollen. Oft sind auch noch viele Spielkameraden da, die das bei sich zu Hause nicht dürfen.*

Nachbar B. ist schon pensioniert. Er arbeitet sehr viel in seinem Garten, in dem er jede Menge Nutz- und Zierpflanzen pflegt. Das Rasenmähen dauert lange und findet zweimal die Woche statt. Als Krönung werden jedes Mal zum Schluss noch die zwei Gartenzwerge und das Reh auf die Rasenmitte gestellt.

Herr B. kann sich jedes Mal furchtbar aufregen, wenn er in seinem Garten z. B. umgeknickte Blumen und Kinderschuhabdrücke in seinem Möhrenbeet vorfindet. Die haben da offensichtlich mal wieder ihren Fußball zurückgeholt.

Familie A. entschuldigt sich in solchen Fällen zwar höflich, wenn die Eltern zur Rede gestellt werden, unter sich schütteln aber alle den Kopf über „so viel Kleinlichkeit".

Der Unterschied ist klar: Herr B. ist identifiziert mit seinem Garten, Familie A. nicht. Für Herrn B. ist ein – nach seinem Geschmack – perfekter Garten im psychischen Bereich eine Erweiterung seiner selbst. Er erlebt die anerkennenden Blicke (und wenn es nur eingebildetete wären) der Passanten als Aufwertung. Und den Vergleich zu den Nachbargärten, insbesondere zu Familie A., empfindet er als schmeichelhaft für sich. So ist eine Störung oder Zerstörung in seinem Garten eine echte Kränkung für ihn.

Die Lockerheit von Herrn A. liegt daran, dass ihn die Wiese hinter seinem Haus überhaupt nicht interessiert. Dafür sitzt er abends manchmal stundenlang und feilt an Präsentationen, die er am Arbeitsplatz halten will. Wenn solch eine Präsentation dann durchfallen würde, wäre das für Herrn A. eine Katastrophe.

Oft geschieht es allerdings, dass Menschen einen Rückschritt in einer Dimension der Selbstausbreitung gegen einen Terraingewinn in einer anderen Dimension in Kauf nehmen. So kauft ein ordentlich verliebter, ansonsten sparsamer junger Mann vielleicht den größten Blumenstrauß seines Lebens, der wirklich sündhaft teuer ist. Aber die gelungene Überraschung ist es ihm wert. Er nimmt einen Rückschritt im Bereich Besitz in Kauf, um einen Gewinn im Bereich Lust/Liebe zu erhalten. Menschen, die ansonsten den Anspruch haben, anständige Bürger zu sein, aber bei einer Gelegenheit, wo es wirklich viel Geld einbringt, dann doch das Finanzamt betrügen, nehmen einen Verlust in der Dimension Ehre in Kauf, um sich im Bereich Besitz zu vergrößern. Und wer sich in früheren Zeiten von einem Partner zurückzog, weil die Sippe ihm einredete, dass das eine nicht standesgemäße Verbindung sei, der rettete den Bereich Ehre unter Verlust in der Dimension Lust. Das Thema gibt es auch heutzutage noch, wenn auch oft subtiler.

Im Laufe des Lebens erweitert normalerweise jeder Mensch diesen „psychischen Besitzstand", diesen inneren Bereich, der unsere Identität ausmacht. Ein Säugling ist noch vollkommen darauf angewiesen, was die Erwachsenen ihm geben und zur Verfügung stellen. Aber schon ein Kleinkind – wer eines in der Familie hat oder hatte, weiß davon zu berichten – erweitert kräftig seinen narzisstischen Raum, solange man es lässt und fördert. Es ist etwas Wunderbares, mithelfen zu dürfen, dass solch ein kleiner Mensch Selbstbewusstsein entwickelt, sich etwas zutraut, sich auf Solidarität und Liebe verlassen lernt usw. Aber manche zu wild ins Kraut schießenden Größenfantasien muss die Realität auch dämpfen. Manchmal auch sehr direkt die Erziehungsberechtigten. Ob das Kleinkind versucht zu fliegen, ob es glaubt, eine Rakete bauen oder Mami verhauen zu können, überall erlebt es dann auch wieder Grenzen. Trotzdem wird das Kind im Lauf einer gesunden Entwicklung sich immer mehr Dinge zutrauen und für selbstverständlich halten. Und das geht ein Leben lang so weiter, wenn nicht Grenzen und Störungen dazwischenkommen.

Andreas W. hätte, wenn er ein Praktikum als Schüler in derselben Firma gemacht hätte, wahrscheinlich erst einmal vorsichtig gefragt, ob er überhaupt den Kopierer benutzen dürfe. Auf die Idee, selbstständig Konzepte zu entwickeln und zu verschicken, wäre er niemals gekommen. So hätte er damals die heutige Kränkung auch nie erlebt. Die konnte er nur in seinen erweiterten (narzisstischen) Grenzen erfahren.

Viele Menschen bleiben auch zeitlebens in einem recht engen Bereich. Entweder weil sie als Kinder wenig Förderung erfahren haben oder weil sie im späteren Leben wenig Möglichkeiten bekommen haben. Es gibt auch heute noch viele gesellschaftliche Schranken. Trotzdem findet man oft da, wo z. B. im Bereich Besitz wenig Ausbreitung möglich war, umso intensivere Identifikationen in den Gebieten Lust und Ehre, verbunden mit einer entsprechend intensiven Kränkbarkeit. Gerade im Bereich Ehre gibt es viele spezielle Nischen, wo das Selbst auch unter ansonsten eingeschränkten Bedingungen Ausdehnungsräume findet. Es sind eben nicht unbedingt die äußeren Grenzen dafür entscheidend, wie sicher und selbstbewusst ein Mensch durch sein Leben gehen kann, sondern mehr die immer nur zum Teil bewusste psychische Landkarte.

Kränkungen „erwischen" uns deshalb oft so unerwartet, weil wir uns über den Raum, den unser Selbst besetzt hat, nicht bewusst sind. Andere merken manchmal leichter, welche Bereiche wir als unbedingt zu uns gehörig erleben, und reagieren oft schon entsprechend.

Eine Schulklasse merkt es einer Lehrerin an, ob diese in dem Selbstgefühl lebt, dass sie eine Unterrichtsstunde geordnet und intensiv ablaufen lassen kann oder nicht. Meist denkt weder die Lehrerin noch die Schulklasse darüber nach, sondern die Stunde läuft einfach konstruktiv ab. Deutlich wird der Unterschied erst, wenn ein Lehrer in die Klasse kommt, der innerlich noch nicht recht den Unterricht als seinen Bereich hat besetzen können. Die Klasse „riecht" von Weitem, dass der Lehrer selbst nicht weiß, ob die Stunde gelingen wird oder nicht, die ersten Papierkügelchen fliegen, und das Unheil nimmt seinen Lauf. Jeder kennt genug Beispiele aus der eigenen Schulzeit.

Erst wenn uns etwas – oder Vergleichbares – schon oft gelungen ist, besetzen wir diesen Bereich auch innerlich als zu uns gehörig. Wer sich in einen neuen Bereich einarbeitet, ist normalerweise noch wenig kränkbar, wenn ihm Fehler gezeigt werden oder er diese selber merkt. Relativ reife Menschen sind sogar dankbar, wenn sie in einer Einarbeitung auf Verbesserungsmöglichkeiten aufmerksam gemacht werden. Im Laufe des Berufslebens nimmt die Korrigierbarkeit und die Bereitschaft, sich infrage stellen zu lassen, dann aber rapide ab, wie jeder wahrscheinlich ebenfalls aus vielen selbst erlebten Beispielen weiß. Die Dimension „Ehre" ist einfach zu stark besetzt, als dass in diesem Bereich noch viel „ginge". In gut geführten Firmen wird heutzutage deshalb sehr darauf geachtet, dass es auch bei langjährigen Mitarbeitern möglich bleibt, auf Verbesserungspotenziale hinzuweisen, ohne dass das eine wesentliche Kränkung bedeutet. Das geht aber nur im Rahmen einer entsprechenden Firmenkultur, wo es gerade einen Teil der Identität ausmacht, flexibel zu bleiben und Vorschläge anderer konstruktiv zu nutzen. Kompensiert wird dieser gemeinsame Verzicht im Bereich der individuellen Ehre dann über ordentliche Gehälter (Besitz) und kollektiven Ehrgewinn (Corporate Identity).

Ein anrührendes Beispiel für das Unvermögen, im hö-

heren Lebensalter noch tiefe Einschnitte in schon narzisstisch besetzte Gebiete hinzunehmen, ist die Autobiografie von Helmut Thielicke (Thielicke 1984). Dieser hatte als Hochschullehrer ein Berufsleben lang einen lebendigen Kontakt zu seinen Studierenden gehabt und sich durch Fachkompetenz, Unkonventionalität und Beziehungsfähigkeit ausgezeichnet. An den 68ern aber scheiterte er. Und zwar an der Tatsache, dass diese Studierendengeneration ihn nicht mehr in der Rolle eines väterlichen Lehrers und Helfers wollte. Gerade weil er sich in den ganzen Jahren für seine Studierenden eingesetzt und mit dieser Rolle identifiziert hatte, konnte er es nur noch als Undank verbuchen, als Kränkung, dass die nachfolgende Generation das nicht mehr wollte, wofür andere dankbar gewesen waren. Logisch ist das nicht: den Studierenden der 68er hatte er noch nichts Gutes getan, die konnten und brauchten nicht dankbar zu sein. Aber es war ein Stück Persönlichkeitsbestandteil geworden, hinter das er nicht mehr zurück konnte.
Generell sind bei Kränkungen folgende Fragen möglich:

- *Wo fühle ich mich durch den Verursacher eingegrenzt, in meiner Entfaltung behindert, in meinen Lebensmöglichkeiten beschnitten?*
- *Wo hat er mir etwas weggenommen, das ich schon hatte/ zu haben meinte?*
- *Wo hat er meine Ehre verkleinert?*
- *Wo hat er meinen Besitz, meine Macht, eingeschränkt?*
- *Wo hat er mir Lust- und Liebesmöglichkeiten genommen?*

Nicht umsonst hat Jesus immer wieder zur freiwilligen Revierverkleinerung geraten. Wohlgemerkt, in erster Linie zur Verkleinerung des psychischen Besitzstandes (z. B. nicht „das Herz" an Besitz zu hängen, den ersten Platz anzustreben usw.), aber in konkreten Einzelfällen auch radikal des materiellen. Ein Beispiel dafür findet sich in Matthäus 19,16, wo ein reicher junger Mann einen Lebensratschlag von ihm haben möchte. Aber das ist jetzt weit vorgegriffen.

Realität ist: Wir erleben Kränkung. Und oft kommt sie völlig unangekündigt und unvermittelt. Wenn sie gekommen ist, sind wir getroffen. Wie das Wort schon sagt: wir sind krank. Und damit gilt es umzugehen. So umzugehen, dass für uns und andere letztlich das Bestmögliche herauskommt.

3. Die drei Wege zur Vergebung

Im vorigen Kapitel habe ich beschrieben, wie Kränkungen zustande kommen und sich im Leben der Betroffenen auswirken.

Wenn die Arten von Kränkungen, die dort aufgeführt wurden, der Gegenstand der Vergebung sein sollen, mag man jetzt vielleicht denken, dass das Ganze ja eine ziemlich subjektive Sache ist. Und wenn Sie selbst betroffen sind, werden Sie sich möglicherweise sogar missverstanden fühlen, denn was Ihnen passiert ist, war vielleicht wirklich eine ausgemachte Gemeinheit oder ein schlimmes Unrecht. Wenn es angeblich sein kann, dass sich der eine bei genau der gleichen Handlung überhaupt nicht gekränkt oder geschädigt fühlt, während ein anderer tief verletzt ist, gibt es dann überhaupt so etwas wie ein objektives Recht, gekränkt zu sein? Wenn es das nicht gibt, was gibt es dann zu vergeben? Ist denn alles nur meine Empfindlichkeit, meine Animosität? Oder, wenn wir die Begrifflichkeit von oben verwenden wollen: Liegt alles nur daran, dass mein Selbst seinen Identitätsraum zu weit ausgedehnt hat, zumindest in eine der möglichen Richtungen?

Ich möchte hier eine vorläufige Antwort wagen. Später werden wir noch näher darauf eingehen. Sie lautet: Wenn Sie verletzt sind, haben Sie recht.

Das Gefühl der Kränkung ist subjektiv, wie alle psychische Befindlichkeit subjektiv ist. Und wir haben ja gerade gesehen, dass es gar keine Kränkungen auf der objektiven Ebene gibt. Verlust (von Geld z. B.) kann sowohl Kränkung bedeuten als auch das Selbstbewusstsein heben, es geht nicht um den objektiven Verlust. Selbst der drohende Verlust des eigenen Lebens, normalerweise die größte denkbare Kränkung, wird nicht eindeutig bewertet. Denken Sie nur an die Märtyrer der frühen Kirche oder auch – man möge mir die Nebeneinanderstellung verzeihen, es geht mir aber um die sachliche Klarheit – die Selbstmordattentäter der heutigen Zeit.

Wenn Sie verletzt sind, haben Sie also recht, subjektiv recht. Und das bedeutet für die Vergebung: Es wird und kann auch nur *Ihre* Vergebung sein, Ihre subjektive Vergebung.

Was jetzt folgt, sind demnach Wege, wie Sie mit Ihrer persönlichen Kränkung umgehen können. Das wird allerdings auch Auswirkungen auf Ihre Umgebung haben, die nicht zu unterschätzen sind. Es wird auch Auswirkungen auf den Täter haben.

Ein sehr häufiges Missverständnis in christlichen Kreisen ist, dass viele Menschen Vergebung im Grunde für einen mehr oder weniger definierten Verhaltenskatalog halten. Wenn einem dieses oder jenes Unrecht angetan wird, hat man in etwa so und so zu reagieren, das ist dann eben christlich bzw. christlich korrekt. Dabei steht, auch wenn das nicht so benannt und darüber nicht weiter nachgedacht wird, ein Modell von objektiver Vergebung als Antwort auf objektives Unrecht im Hintergrund.

Wenn Kindern Beispiele von gelungener Vergebung erzählt werden, können sie diese nur als Vorbild zum direkten Nachmachen verstehen, und ähnlich kommt es auch bei vielen Erwachsenen an. Wenn Vergebungsberichte in Gemeinden so verstanden werden, wird ein praktisch unerfüllbarer Standard gesetzt. In der Bibel ist zu lesen, dass die Apostel den Herrn priesen, weil sie für ihn Schmach leiden durften, als sie gerade verprügelt worden waren. Oder es wird berichtet, dass vielleicht ein Missionar gerade wieder in das Dorf zurückging und für die Leute betete, die ihm seine Hütte verbrannt hatten. Brave Gemeindemitglieder nicken vielleicht, wenn sie diese Berichte hören, aber im Grunde ist jedem klar: es würde mich völlig überfordern, tatsächlich so zu reagieren. Ich würde das nicht aushalten. Ich würde auch nicht so reagieren. Gott sei Dank prügelt mich keiner.

Im Unklaren bleibt meist, dass es bei diesen Beispielen immer um eine individuelle Bewältigung von Kränkungen geht, die subjektiv auf ganz bestimmte Weise erlebt wurden. Was in den Betroffenen wirklich abgelaufen ist, wird normalerweise nicht transparent. Es wird allerdings deutlich, dass es Menschen immer wieder gelungen ist, auf für andere überraschende Weise zu reagieren. Es ist ihnen – wie auch immer – gelungen, aus einer Eskalation der Gewalt auszubrechen und sich alternativ zu verhalten. Sie haben nicht mit Gegengewalt reagieren müssen, haben sich aber offensichtlich auch nicht einschüchtern lassen, sodass sie sich nicht mehr getraut hätten zu handeln. Im Gegenteil: Diese Menschen sind mutig bei ihrer Linie geblieben, und allem Anschein nach sind sie auch noch zufrieden, wenn nicht sogar glücklich. Jedenfalls wesentlich glücklicher als ihre Verfolger.

Nur: Was da wirklich passiert ist, bleibt meistens eine „black box“. Wir sehen nur Input und Resultat. Weniger technisch ausgedrückt: wir sehen nur, was Menschen angetan wurde und wie sie darauf reagiert haben, aber nicht, was sich in der Zwischenzeit in ihnen abgespielt hat.

Wenn wir das, was sich da abgespielt hat, als blinden Gehorsam gegenüber irgendwelchen Idealen oder Geboten auffassen, brauchen wir immerhin nicht zu staunen. Wir können allerdings auch nicht erklären, warum die Menschen, die in den genannten Beispielen vergeben haben, zufrieden wirken. Wenn wir das, was da geschehen ist, aber als aktiven Bewältigungsprozess verstehen, beginnen wir zu ahnen, dass es sich bei diesen Beispielen um den Ausdruck der größten seelischen Leistung handeln könnte, zu der Menschen überhaupt fähig sind.

Nun ist Vergebung aber für die meisten Menschen nicht nur graue Theorie. In mehr oder weniger wichtigen Situationen haben wir praktisch alle auch schon eigene Erfahrungen mit Vergebung gemacht. Und von daher wissen wir auch darum, dass es eigentlich nichts Entspannenderes, Wohltuenderes gibt, als an einem Punkt endlich vergeben zu können, besonders, wenn er uns schon lange beschäftigt hat. Der innere Friede ist endlich wieder da.

Darum ist in der christlichen Szene auch ein Lied über die Versöhnung aus dem Joseph-Musical so zum Ohrwurm geworden: Dass ein „Ich-mag-dich-trotzdem-Kuss“, wie er da besungen wird, etwas Nettes ist, ist allen klar, die es hören.

Das Problem ist nur, dass Kränkungen uns so erwischen können, dass wir nicht zum Vergeben bereit sind, selbst wenn wir uns im Grunde danach sehnen, unsere Tage weniger spannungsreich zu verbringen.

Vergrößert werden die Schwierigkeiten oft dadurch, dass auch ein Anspruch durch Bekannte und Freunde besteht. Sätze wie „Na, war vielleicht schlimm, aber nun hab dich doch nicht so“ oder „Du kannst dich doch nicht ausschließen“ bekommen Betroffene oft zu hören. Gesellschaftlich sind gute Laune und Aktivsein angesagt. Wer mit einem anderen Menschen lange Zeit nicht kann, manövriert sich selbst ins Abseits.

In christlichen Kreisen lassen Ratschläge und Ermahnungen ebenfalls oft nicht lange auf sich warten: „Du musst endlich vergeben!“ oder „Lasst die Sonne nicht untergehen über eurem Zorn.“

Das alles ist meistens nicht besonders hilfreich, sondern eher eine Wiederholung der Gedanken der Betroffenen. Sie wollten ja selber, wenn es ginge!

Letztlich bringen diese Reaktionen Menschen, die schwer gekränkt wurden, oft dazu, sich mit ihrem Schmerz immer weiter zurückzuziehen und ihn mit niemandem mehr zu teilen, weil sie die Antworten sowieso schon kennen und keine Lust darauf haben, lästig zu fallen.

Das Dilemma der Betroffenen ist: Sie spüren durchaus, dass es gut wäre, aus diesem Zustand des „Krankseins an Kränkung“ herauszukommen, aber sie können es innerlich nicht.

Die Psyche hat offensichtlich so viel zu verarbeiten durch diesen Einschnitt in das Selbstsystem, den die Kränkung bedeutet, dass sie noch nicht fertig ist damit. Auch wenn schon deutlich wird, dass es zum Teil keine konstruktive Arbeit ist, nützt es nichts. In den Phasen zwischen Hass- und Entwertungsgrübeleien über den Verursacher, die bei jeder schweren Verletzung auftreten, ist es vielen Menschen klar, dass es wenig bringen wird, noch einmal und noch einmal in diese Gedankenszenarien einzusteigen. Und doch überfällt es sie sozusagen oft unerwartet, und während es läuft, ist es nicht ohne Befriedigung. Sich Gedanken zu verbieten, funktioniert nicht.

Manche Menschen versuchen sich durch eine „Flucht nach vorne“ zu helfen, indem sie sich ganz schnell mit dem Verursacher der Kränkung wieder „versöhnen“. Aber sie stellen fest: Auch das nützt nichts. Ihre Psyche, ihre Gedankengänge haben anscheinend einfach nicht mitbekommen, dass sie sich offiziell schon vertragen haben. Vergebung kann deshalb so schwierig sein, weil sie einen endgültigen Verzicht bedeutet.

Sie bedeutet, dass mir Unrecht getan wurde und ich bewusst darauf verzichte, vom Täter eine vollständige Wiedergutmachung zu erhalten.

In diesem Zusammenhang stellt sich die Frage: Wie kann es denn überhaupt zwischen mir und einer Person, die mir Unrecht getan hat, wieder gut sein, wenn ich auf die fällige Wiedergutmachung verzichte? Wo bleibe ich denn mit dem Defizit, das da bei mir zurückbleibt: nämlich an Gutem, das der Täter mir eigentlich noch tun müsste? Oder andersherum ausgedrückt: Wo bleibe ich mit dem Überschuss an Ärger und Verletztheit, den ich noch in mir habe?

Es soll im Folgenden von den Möglichkeiten die Rede sein, wie ich bewusst mit Unrecht umgehen kann, das mir zugefügt wurde. Nur darüber können wir reden.

Wir gehen auch sehr stark unbewusst mit Leid um, das uns angetan wurde. Insbesondere dann, wenn wir keine sinnvollen Vorgehensweisen auf der bewussten Ebene kennen und wir nichts mit unseren Verletzungen anfangen können. Unsere Psyche verdrängt dann nach Möglichkeit die schmerzenden Inhalte aus dem Bewusstsein. Nur deshalb sind sie weder verschwunden noch gelöst. Wir träumen z. B. schlecht, oder wir haben einen halben Tag

Kopfschmerzen nach einer Auseinandersetzung. So etwas nimmt sich aber niemand vor. Es passiert einfach.

Je bessere bewusste Möglichkeiten uns aber offenstehen, um zu reagieren, desto seltener sind überwiegend unbewusste Verarbeitungen mit ihren psychischen und psychosomatischen Folgen nötig.

Die Möglichkeiten, bewusst und so mit Kränkungen umzugehen, dass es nicht nur anderen, sondern auch uns selbst guttut, sind die drei Wege der Vergebung:

Es sind das **Verstehen**, die **Relativierung** und die **Delegation**.

In den nächsten Kapiteln möchte ich zu jeder dieser Möglichkeiten etwas sagen und zeigen, dass in jeder eine eigene Chance liegt.

Keiner der Wege ist ein Trick, noch nicht einmal ein Geheimtipp. Es sind Prozesse, die mit bewusster Arbeit verbunden sind. Aber, und das ist das Hilfreiche daran, wer die Wege verstanden hat, kann sie auch beschreiten. Verbitterung und suchtartige Grübelgedanken nach Kränkungen sind kein Lebensschicksal. Wir haben gesehen: diese Gedanken haben auch einen intrapsychischen Sinn. Während sie da sind, befriedigen sie manchmal auch. Aber wer es satthat, wer aus diesem Sumpf herausmöchte, der kann es auch. Allerdings manchmal nicht allein. Doch das ist Thema der folgenden Seiten.

Weil die Wege der Vergebung unterschiedlich arbeiten, sind sie auch für verschiedene persönliche Situationen sinnvoll. Darum möchte ich Betroffene darauf aufmerksam machen, dass ein Weg, der jetzt für Sie gangbar ist, möglicherweise erst in einem späteren Abschnitt besprochen wird. Insbesondere schwer traumatisierte Menschen werden vielleicht erst Kapitel 6 auf sich anwenden können. Vielleicht kommen Ihnen dann auch manche Beispiele für Verletzungen der nächsten Abschnitte in Ihrer jetzigen Situation banal bzw. harmlos vor. Trotzdem ist es wahrscheinlich sinnvoll, dass Sie der Reihe nach lesen, um den Gedankengang nachvollziehen zu können. Denn es ist durchaus nicht so, dass für eine bestimmte Verletzung grundsätzlich auch nur ein Weg der Vergebung infrage käme. Oft treten hier im Laufe des Lebens noch weitere Veränderungen ein.

4. Das Verstehen

Vergebung über *Verstehen* ist vielleicht die natürlichste Form von Vergebung. Sie hat den Vorteil, dass ich nicht nur etwas über den anderen lerne, sondern auch über mich selbst. Voraussetzung ist aber fast immer, dass ich den Wunsch und die Möglichkeit habe, in der Beziehung, die mich geschädigt hat, in ein Gespräch zu kommen. Das kann ich nur, wenn ich mindestens noch einen Funken Hoffnung für diese Beziehung in mir habe. Dann kann ich möglicherweise meine Angst vor weiterer Schädigung, der ich mich im Kontakt ja aussetze, überspringen.

Die folgenden Bilder sollen zeigen, welchen Unterschied Verstehen ausmachen kann:
Stellen Sie sich vor, Sie sind auf einem schmalen Feldweg mit dem Auto unterwegs, und dann kommt Ihnen ein Bauer mit seinem Traktor entgegen, der eine unglaublich sperrige Landmaschine hinter sich herzieht. Sie beide weichen so weit wie möglich aus, Sie bleiben sogar stehen, und er fährt ganz langsam vorbei. Schon denken Sie, es ist geschafft, da erwischt doch noch irgendein Zinken der Maschine Ihr Auto und Sie haben einen ordentlichen Kratzer an der Tür. Sehr ärgerlich!
Stellen Sie sich nun aber zum Vergleich folgende Situation vor:
Sie kommen nach einem Einkauf auf den Parkplatz zurück und bemerken schon von Weitem, dass sich zwei herumalbernde Jungen bei Ihrem Auto aufhalten. Da sehen Sie, wie der eine einen harten Gegenstand aus der Hosentasche nimmt und anfängt, irgendetwas an Ihre Fahrertür zu ritzen.

Was würden Sie tun? Wahrscheinlich erst mal Ihre maximale Geschwindigkeit und Lautstärke entwickeln, um diesem Tun ein Ende zu setzen – und sich ziemlich aufregen.

Vermutlich würden Sie die beiden Situationen aber auch vollständig unterschiedlich bewerten. Es wäre beide Male der gleiche Kratzer. Beide Male muss wieder Lack auf die Tür. Aber Ihre Gefühle in den Situationen sind sehr verschieden. Im einen Fall sind Sie (dem Bauern) wahrscheinlich nur wenig böse, im anderen dem Jungen maximal. Es geht nicht um die Größe des Schadens, der Ihnen entstanden ist, auch wenn es beide Male Unrecht war. Es geht darum, ob Sie es verstehen können, was da passiert ist. Oder ob Sie es im Extremfall für „reine Bosheit" halten.

Das gilt für alle Verletzungen zwischen Menschen. Deshalb sind wir ja auch oft so bemüht, möglichst schnell eine Erklärung dafür zu liefern, wenn wir uns auf eine Weise verhalten haben, von der wir annehmen, dass sie andere geärgert hat. Die zu spät kommende Kollegin betritt den Raum mit den Worten: „Mensch, war das wieder ein Stau! Dabei bin ich schon so früh losgefahren!" Und wer jemanden anrempelt, beeilt sich zu erklären, dass er ihn nicht gesehen habe. Wir nennen das Entschuldigungen, im eigentlichen Wortsinn also den Versuch, die Schuld schleunigst wieder loszuwerden. Wir versuchen, so schnell wie möglich Verständnis auf der Seite des Geschädigten zu schaffen.

Manchmal kann aber auch jemand, dem mit Absicht ein Unrecht getan wurde, etwas davon verstehen, warum das so geschehen ist.

Zum Beispiel sind zum Glück die meisten Eltern geneigt und oft weitgehend bereit, ihren Kindern gegenüber dieses Verständnis aufzubringen. So hat der unausstehliche Dreijährige eben seine Trotzphase, die weinerliche Fünfjährige wohl Ärger im Kindergarten und die aggressive Große vielleicht Stress in der Schule.

In der Psychotherapie ist es sogar eine Grundhaltung, möglichst jedes Verhalten zu verstehen. Nur das ermöglicht, anders und hilfreicher mit Menschen umzugehen, als ihre gewohnte Umgebung das getan hat. Dabei ist es in dieser Beziehung gleichgültig, ob wir einen Menschen in der Verhaltenstherapie mehr von seinen Lernerfahrungen her oder in der Tiefenpsychologie mehr von seiner frühkindlichen Entwicklung her versuchen zu verstehen.

Indem ich jemanden verstehen möchte, verzichte ich darauf, ihm die volle moralische Verantwortung für sein Verhalten im Hier und Jetzt zuzuweisen. Ich gestehe ihm zu, dass sein jetziges Verhalten Wurzeln und Gründe hat, die weiter zurückreichen, dass das, was stört und verletzt, immer auch mit dem Gewordensein eines Menschen zusammenhängt. Seine im Laufe des Lebens gewachsene, geformte und auch deformierte Persönlichkeit lässt ihn sich in bestimmten Situationen auf bestimmte Weise verhalten.

Wenn zwischen mir und einem Menschen eine ausgesprochene Vertrauensbeziehung besteht, gehe ich sogar in den merkwürdigsten Situationen davon aus, dass sich das, was ich da höre oder sehe, irgendwie erklären lässt, selbst wenn ich nicht ahne, wie das gehen könnte. Wenn ich z. B. erfahre, dass ein guter Freund mit meinem Auto einen Unfall gemacht hat, das ich ihm gar nicht ausgeliehen habe, bin ich sicherlich sauer. Ich bin aber mindestens ebenso gespannt, wie es überhaupt zu dieser Situation kam. Schon im Vorfeld werde ich vermuten, dass er sich aus irgendeiner akuten Notlage heraus mein Auto genommen hat, ohne mich zu fragen.

Wenn ich jemanden nicht kenne, oder erst recht, wenn ich schon reichlich schlechte Erfahrungen mit ihm gemacht habe, bin ich viel eher bereit, von vornherein unlautere Motive oder zumindest Desinteresse an meinem Wohlergehen zu unterstellen. Entsprechend eingestellt, aggressiv, vorwurfsvoll und kritisch werde ich auch in die nächste Begegnung gehen.

Das Prinzip des Vergebenkönnens durch Verstehen liegt darin, dass wir das Handeln eines Beziehungspartners aus seinem Kontext heraus zu verstehen suchen. Dabei nehmen wir wahr, dass sein Handeln durch äußere Umstände, durch vorangehende Erlebnisse, durch vorbestehende Lernerfahrungen oder Charaktereigenschaften bedingt ist. Das Verstehenwollen kann niemand von uns einfordern. Es ist ein Bonus, den wir unseren Mitmenschen entgegenbringen.

Wenn ich erst einmal beginne, über eine anfänglich vermeintlich „reine Bosheit“ nachzudenken, merke ich oft bald, dass sie so rein gar nicht ist, sondern dass es hier und da etwas zu verstehen gibt, vielleicht sogar das meiste.

Ein Beispiel: *Ein Nachbar, dem ich einen ganz vernünftigen Vorschlag mache, reagiert ausgesprochen gereizt und unhöflich. Grund genug für mich, erst mal beleidigt zu sein. Wenn ich aber mitbekomme, dass er in seiner Firma von seinem Chef ständig gegängelt und herumkommandiert wird,* *kann ich schon eher verstehen, warum er keine Lust mehr auf weitere Ratschläge hat. Obwohl sein Verhalten natürlich weiter auf die konkrete Situation bezogen irrational und nicht gerade weiterführend ist. Wenn ich dann auch noch erfahren würde – das erfährt man in der Realität allerdings meistens nur als Therapeut –, dass ihn sein Vater auch schon ständig bevormundet und oft verprügelt hat, bin ich möglicherweise sogar schon in der Lage, Mitgefühl zu entwickeln.*

Von vornherein wird es aber so meist nicht funktionieren, weil ich die nötigen Informationen gar nicht habe, um zu verstehen. Um eine Basis zum Verstehen zu gewinnen, muss ich das Gespräch aufsuchen.

Weil Partnerschaften die engste und wichtigste Form von Beziehung unter Erwachsenen sind, wird hier manches besonders deutlich, was für Beziehungen allgemein gilt. Deshalb möchte ich in diesem Kapitel auf die Situation in Partnerschaften besonders eingehen.

Partnerschaften leben geradezu davon, dass beide sich um gegenseitiges Verständnis bemühen – bzw. sie leben nur so lange, wie beide das tun. Im Zusammenleben von zwei Menschen kommt es zwangsläufig immer wieder zu kleinen und größeren Verletzungen und Kränkungen. Und die können nur dadurch entschärft werden, dass der eine Partner sich die Mühe macht, verstehen zu wollen: wie es denn kam, dass der andere auf einmal so grob war, ihm aus heiterem Himmel Vorwürfe machte, einen Bekannten seines Erachtens vor den Kopf stieß usw. Ansonsten bildet sich in jeder Beziehung schnell ein Bodensatz an Ärger, Nicht-verstanden-Fühlen und Enttäuschung. Der stumpft auf die Dauer die Begegnungen ab, macht dadurch die

Partnerschaft langweilig, erstickt Erwartungen und bringt letztlich die Beziehung auseinander. Ich muss dem anderen sagen, wie ich das fand, was er da gemacht hat. Es ist wichtig, dass ich das Gute sage, es ist aber mindestens ebenso wichtig, dass ich auch das sage, was mich gestört oder verletzt hat. Denn nur dadurch bekommt der Partner Gelegenheit, sich zu erklären und verständlich zu machen. Ich gebe ihm eine Chance.

Es funktioniert natürlich nur, wenn ich ebenso zur Verfügung stehe, um zu hören, was den Partner an mir gestört hat. Damit eine Partnerschaft nicht mehr funktioniert, braucht nur einer den Rollladen herunterzulassen. (Der andere folgt dann sowieso bald.)

Es kann durchaus manchmal einen Abend kosten, selbst eine an sich gute Beziehung wieder flottzubekommen, wenn sie sich erst mal festgefahren hat. Aber es gibt auch keinen Weg, sich diese ständige Arbeit an der Beziehung zu ersparen. Alle auf den ersten Blick bequemeren Alternativen sind auf längere Sicht noch weit mühevoller. Selbst in einer funktionierenden Beziehung kann es schnell ziemlich verzwickt sein.

Dafür ein Beispiel: *Er hat abends die ganze Küche aufgeräumt, während sie mit ihrer Freundin telefoniert hat. Als er stolz sein Werk vorführen möchte, meint sie nur, das sei ja wohl selbstverständlich, dass er sich alle zwei Wochen mal dazu aufraffe, etwas im Haushalt zu tun. Er ist beleidigt und geht in ein anderes Zimmer. Nach einer Dreiviertelstunde und ausgelesener Zeitung merkt er, dass er keine Lust hat, den Abend weiter so zu verbringen, und geht, um sie zu fragen, was denn los sei.*

Dabei kommt dann heraus, dass sie schon vorher sauer war, weil sie das Abendessen vorbereitet hatte und er nur „geht so" geantwortet hatte, als sie ihn fragte, wie es ihm schmecke. Das hatte er schon wieder ganz vergessen. Aber jetzt fällt ihm ein, dass ihm da gerade eine Bemerkung von ihr durch den Kopf gegangen war, die sie am Nachmittag gemacht hatte. Da hatte sie gemeint, sein Hemd komme ihr etwas klein vor. Das wiederum hatte er sich übersetzt mit: „Mensch, hast du etwa schon wieder zugenommen?" Und das hatte ihm in dem Augenblick beim Abendessen gerade den Appetit verdorben.

Als es beide schließlich so weit klar haben, können sie darüber lachen, und der Rest des Abends verläuft dann netter.

Leider würde dieses Beispiel tatsächlich nur in einer recht intakten Beziehung so verlaufen. Wenn das Gespräch erst mal verebbt ist, wird die Hemmschwelle für beide immer höher, die Beziehung überhaupt zu thematisieren. Auch wird es immer schwieriger, zugeben zu können, was einen wirklich geärgert oder gekränkt hat, weil das auch bedeutet, Schwäche zu zeigen. Und das kann ein Partner nur, wenn er dem anderen vertraut. So bleiben selbst begonnene Klärungen oft auf halber Strecke stecken.

Das Ganze mündet dann in einen fruchtlosen Streit, der die Partner eher weiter voneinander entfernt, als dass er noch etwas klären könnte. Dieses Stadium ist meist daran zu erkennen, dass beide beginnen, mit Generalisierungen um sich zu werfen. Wenn Partner vom anderen behaupten, dass er oder sie bestimmte Dinge „immer" macht oder „nie" und dem anderen das Verständnis für den Partner oder die Mühe um die Partnerschaft grundsätzlich absprechen, dann ist es so weit.

Michael L. Moeller rät in seinem Buch über das Paargespräch (Moeller 1992), dass Paare regelmäßige Gespräche miteinander vereinbaren sollten. Dabei soll es um die Beziehung gehen. Jeder spricht über sich und sein Erleben. Nur Verständnisfragen sind erlaubt, keine Ratschläge. Die Redezeit sollte etwa gleich verteilt sein. Viele Paare haben ja schon den Eindruck, dass sie miteinander im Gespräch seien, wenn es ihnen gelingt, den nächsten Urlaub oder den nächsten Möbelkauf zu besprechen. Aber das ist nicht das Gespräch, das verhindert, dass sich in einer Beziehung das Sediment des Nicht-Verstehens immer mehr ablagert. Wenn es dann zu Krisen kommt, ist oft einer der Partner völlig überrascht davon, wie weit man sich schon voneinander entfernt hatte. Der Teufelskreis der Sprachlosigkeit und der Enttäuschung hatte diese Beziehung schon längst bestimmt. Moeller empfiehlt deshalb eineinhalb Stunden wöchentliches Gespräch in der oben genannten Form zu einer fest vereinbarten, störungsfreien Zeit. So etwas ist nicht leicht, obwohl es vielleicht auf den ersten Blick so wirkt.

Wer sich wirklich auf Zweiergespräche einlässt – wenn auch vielleicht in einem anderen Rahmen –, der merkt, dass es nicht nur um ein Verstehen des anderen geht, vielleicht sogar noch ein bisschen samariterhaft mit dem Wunsch, ihm oder ihr zu helfen. Unerwartetes Ergebnis ist oft, dass ich mich in diesen Gesprächen selbst kennenlerne, wie ich mich eigentlich gar nicht besonders gerne sehen möchte. Ob es meine Unausgeglichenheit, Dickfelligkeit oder meine uneingestandenen Ziele sind – alles kommt in diesen Gesprächen fast zwangsläufig vor. Denn niemand anders ist mehr betroffen von all dem als mein Partner.

Auch gemeinsame Entdeckungen lassen sich machen. Paare bemerken im Gespräch vielleicht erstmals, wie sie Aufgaben untereinander verteilt haben. Manchmal finden sich in Ehen so ausgeprägte Polarisierungen, dass man sich fragen könnte, wie es die einzelnen Partner eigentlich vorher geschafft haben zu überleben. Zum Beispiel ist der eine der Unordentliche, der andere der Ordentliche. Oder der eine den Kindern gegenüber immer der Gewährende, der andere der Verbietende, der eine der Großzügige und der andere der Geizige. Beide stöhnen innerlich und vor andern übereinander.

Das Ganze klappt allerdings nur, weil sich beide – hier erstaunlicherweise in großem Vertrauen – aufeinander verlassen. Wenn der Großzügige sich nicht darauf verlassen könnte, vom Partner gebremst zu werden, wenn er laut überlegt, ob man denn heute mal mit der ganzen Familie groß essen gehen soll, könnte es unter Umständen unangenehm teuer für ihn werden. Das passiert nur nie. Und der Unordentliche weiß ebenfalls, dass er nie im Müll ersticken wird, weil es der Partner ja richtet. Der Ordentliche verlässt sich ebenfalls darauf, dass der andere ihm nie in seine Ordnung hineinredet, und hat alles unter Kontrolle.

In Wirklichkeit geht es darum, dass in Partnerschaften Aufgaben verteilt werden. Der eine nimmt den einen Pol, der andere den anderen auf sich. Und dann ist jeweils nur noch der andere schuld. Dass ihm in Wirklichkeit der Anteil des anderen gleich mit übertragen wurde, wird nicht mehr erlebt. In bestimmter Hinsicht ist es einfacher, mit dieser Aufteilung zu leben. Der Vorteil ist, dass die Schuld für einen bestimmten Bereich ganz beim andern liegt. Aber man hat auch keine Chance mehr, seine Unzufriedenheit mit der Beziehung noch einmal loszuwerden. Ehepaare bilden oft in ihrem Unglück ein unglaublich stabiles System, das alle Anfragen von außen erfolgreich abwehrt.

Untereinander gibt es ein richtiges Pingpong der Vorwürfe. Jeder schiebt dem anderen Schuld zu, und es entsteht so etwas wie ein Gleichgewicht des schlechten Gewissens. Hat ein Partner das Gefühl, auf seiner Seite befindet sich zu viel, wird beim anderen nachgelegt. Jürg Willi hat den Begriff „Kollusion" für diese festgelegte Rollenverteilung bei Paaren geprägt und in seinen Büchern praxisnahe Konzepte auf tiefenpsychologischer Grundlage dazu entwickelt (s. z. B. Willi 1975).

Im Paargespräch sind es manchmal scheinbar völlig unwichtige Dinge, über die sich einer der beiden vielleicht aufregt. Aber gerade das ist immer ein Einstieg dazu, die innere Lage zu verhandeln. Wenn einer der Partner wütend wird, gilt es für den anderen, auch die Wut auszuhalten. Es stellt sich dann nämlich heraus, dass sie nicht grenzenlos ist und ein wichtiger Geburtshelfer für viele Erkenntnisse. Wer aus dem Zimmer rennt oder den Telefonhörer aufknallt, flieht vor dem Zorn. Er wird nie erfahren, bis wohin der Zorn reicht und was er zutage fördern will.

Es wird allerhand Unbewusstes bewusst, wenn Paare beginnen, miteinander zu reden. Es heißt für jeden, ein Stück des gewohnten Zustandes aufzugeben. Mit anderen Worten: Verlust. Dafür lässt sich so aber die Paarbeziehung auf Dauer leben, und Partner können endlich aufhören, die Selbstverwirklichung beider zu verhindern, indem unbewusste Rollen sprachlos weitergelebt werden müssen. Es lässt sich nicht verhindern, dass mehr Wahrheit deutlich wird, wenn Partner ins Gespräch kommen. Und das bringt weiter.

Manchmal ist es besser, wenn Partner frühzeitig zugeben, dass sie allein nicht oder nicht mehr zu einem konstruktiven Gespräch in der Lage sind. Dann sollten sie sich, zumindest für die Anlaufphase, professionelle Hilfe durch einen Paartherapeuten holen. Zum Glück spricht sich langsam herum, dass das keine Schande ist. Schließlich haben auch die meisten Manager keine Scheu mehr, sich einen Coach zu suchen. Örtliche Ehe- und Familienberatungsstellen sind oft eine gute erste Anlaufadresse.

Je mehr ich verstehe, desto weniger halte ich das, was mir da mit dem anderen passiert ist, für ein Unrecht, das mir bösartig zugefügt wurde, und desto näher bin ich an der Vergebung. Im Paargespräch relativiert sich das Unrecht, das mir der andere getan hat, meist dadurch, dass ich erkenne, was ich selber im anderen angerichtet habe, und dass die meisten Auseinandersetzungen am Ende eines gegenseitigen Aufschaukelungsprozesses stehen.

In anderen Beziehungen, z. B. zu Arbeitskollegen im Beruf, sieht es etwas anders aus.

Mit diesen bilde ich nicht – wie in der Partnerschaft – eine gemeinsame Zweierbeziehung. Wir stehen mehr oder weniger für uns. Trotzdem gibt es auch im Berufsumfeld oft Rollenverteilungen, die unabhängig von offiziellen Funktionen sind, die die Einzelnen ausüben und über die nicht mehr nachgedacht wird. Diese verhindern dann eine gesunde Entwicklung der Einzelnen und engen ein. Auch außerhalb der Ehe gilt, dass nur durch Gespräch etwas klar werden kann und nur durch Gespräch Änderungen untereinander eingeleitet werden können. Allerdings erfordert es im Berufsumfeld mehr Mut als in einer Partnerschaft oder auch Freundschaft, anzusprechen, wenn man sich über einen Ausspruch oder ein Verhalten eines Kollegen geärgert hat oder gekränkt fühlt. Indem ich Kritik übe, mache ich mich verletzlich. Ich zeige, wo ich empfindlich bin, und das könnte ausgenutzt werden. Aus dieser Angst heraus gilt vielen das Cool-Bleiben und Nicht-Zeigen von Gefühlen als oberste Pflicht am Arbeitsplatz. Mal jemanden anzuschnauzen oder über jemanden zu schimpfen ist etwas ganz anderes. Das unterstreicht eher, wie selbstsicher und unabhängig man ist. Wer sich so verhält, zeigt dabei nichts von sich selber und bringt deshalb auch keinen Prozess des Verstehens in Gang. Im Gegenteil, die anderen werden sich in Zukunft ihm gegenüber noch mehr Mühe geben, ebenfalls keine Risse in der Mauer zu zeigen.

Der Nachteil an diesem Verhalten ist allerdings, dass die Betreffenden fast nicht verhindern können, im Laufe der Zeit immer mehr an Enttäuschungen und Verbitterung einzusammeln. Sie können ja nie etwas loswerden oder bearbeiten von dem, das ihnen zu schaffen macht. Und störungsfrei geht es an keinem Arbeitsplatz zu. In Bezug auf unser Thema wird ihnen selten die Möglichkeit offenstehen, eine Kränkung über Verstehen vergeben zu können, weil sie das Gespräch nicht führen, das nötig wäre, um die Sicht des anderen, seine Motive, seine Gefühle und vielleicht *seine* Kränkungen zu erfahren. Das wäre aber eine Möglichkeit, sie als Last und als Energiefresser loszuwerden.

Wenn Sie es wagen, etwas zu sagen, was Ihnen nicht passt, und Kritik zu üben, machen Sie eine Vorgabe. Es geht nur, wenn Sie die Hoffnung in sich haben, dass der andere das, was Sie von sich zeigen, nicht ausnutzt. Ich denke, es ist deutlich geworden: Ich meine mit „Kritik" nicht, dass Sie jemandem irgendeinen „objektiven" Fehler unter die Nase reiben, sondern dass Sie den Punkt offen ansprechen, wo Sie sich von ihm verletzt fühlen. Es ist ein Wagnis. Möglicherweise blockt der andere ab und rechtfertigt sein Verhalten mit Scheinargumenten. Noch unangenehmer kann sein, wenn er Ihnen zeigt, dass er Sie nicht ernst nimmt, sondern z. B. für ein „Sensibelchen" hält. Diese Möglichkeit besteht.

Aber aus eigener Erfahrung aus verschiedenen Berufsumfeldern weiß ich, dass es fast immer anders läuft. Sie brauchen kaum Sorge zu haben, nicht ernst genommen zu werden, wenn Sie jemanden ruhig und klar ansprechen. Der andere spürt Ihnen ab, ob es Ihnen darum geht, ihm eine Retourkutsche zu verpassen, ob Ihr Hauptziel ist, ihm möglichst viele Schuldgefühle „rüberzuschieben", oder ob Sie ein klärendes Gespräch mit ihm wollen, in dem jeder seine Sicht darstellen kann. Und solche Gespräche bringen meistens weiter. Manchmal klären sich Begebenheiten, die Sie als schwere Verletzung aufgefasst haben, als echte Missverständnisse. Das ist natürlich die erfreulichste Lösung. Meist aber verstehen Sie besser die Hintergründe, die das Handeln des anderen hatte, und können es deshalb besser einordnen. Vielleicht reicht es noch nicht zu einer Vergebung, aber der Packen, den Sie nach dem Gespräch weiter zu tragen haben, ist doch schon erheblich leichter geworden.

Auch dann hat es sich schon gelohnt, den Weg des Verstehens zu beschreiten, so weit wie es in dieser Situation eben geht. Genauer gesagt: den Weg des Verstehenwollens, denn was dabei herauskommt, können Sie ja nicht vorherbestimmen.

Sogar bei wirklich schwierigen Vorgesetzten ist es fast immer einen Versuch wert. Das Problem ist nämlich, dass Sie gar nicht verhindern können, dass Sie einen Menschen hassen, wenn Sie Angst vor ihm haben. Viele Menschen möchten das umgehen, zum Teil aus christlich-moralischen Gründen, aber es geht nicht. Unser Gehirn ist so geschaffen, dass Angst und Liebe zwei Emotionen sind, die nicht gleichzeitig gegenüber einem Menschen möglich sind. Das beschreibt übrigens schon Johannes in der Bibel (1. Brief des Johannes 4,18). Ich kann Ihnen also nicht ersparen, die Schlussfolgerung zu ziehen, dass Sie, wenn Sie vor einem wirklich schwierigen Vorgesetzten gelegentlich Angst haben, ebenso sicher Hass gegen ihn in sich tragen müssen. Anders ausgedrückt: Sie schleppen an dieser Stelle, wie in Kapitel 2 beschrieben, eine Kränkungslast mit sich herum. Ob Sie sich trauen, hier zumindest eine gewisse Entlastung einzufädeln?

Wenn Sie dem betreffenden Vorgesetzten „mal die Meinung" sagen wollten, dann wäre Ihre Vermutung möglicherweise richtig, dass dabei nichts Gutes herauskäme. Aber auch hier gilt: Wenn Sie ihm zu einem konkreten Thema sagen, wie Sie sich dabei fühlen, und zwar klar, sachlich und in einem vorher vereinbarten Gespräch, dann besteht zumindest die große Chance, dass Ihr Vorgesetzter Sie besser versteht. Wieweit er über sich zu reden in der Lage ist, bleibt natürlich offen. Vielleicht müssen Sie allerdings auch auf andere Wege der Vergebung zurückgreifen, die in den folgenden Kapiteln beschrieben werden.

Gegenüber Freunden und Bekannten ist es einfacher,

Persönliches zu thematisieren. Trotzdem tun sich viele Menschen gerade in diesem Bereich besonders schwer. Sie haben die Befürchtung, dass sie eine Freundschaft zerstören könnten oder dass die Clique sie nicht mehr akzeptieren könnte, wenn sie sich nicht locker genug geben, gute Laune mitbringen und so weiter. Stattdessen werden dann letzten Endes viele Freundschaften einfach abgebrochen, wenn sich zu viel angesammelt hat. Auf lange Sicht, eigentlich generell im mittleren und höheren Lebensalter, ist gar keine echte Freundschaft möglich, ohne fortlaufende kleine und größere Vergebungen. In Freundschaften werden diese im Wesentlichen durch Verstehen möglich.

Es geht darum, ein konstruktives und nicht einfach nur ablehnendes Verhältnis gegenüber Fehlern zu entwickeln: gegenüber denen anderer und gegenüber denen, die ich selber mache. Denn auch die werden im Gespräch deutlich. Ich kann meine Sicht der Dinge nicht ungestört aufrechterhalten, wenn ich mich in ein echtes Beziehungsgespräch verwickeln lasse. Das bedeutet für den Vergebungsmodus des Verstehens deshalb meist, dass ich mich auch selber besser verstehen lerne. Je enger die Beziehung ist, in der ich mich um Verstehen bemühe, umso deutlicher wird mir meine eigene Vergebungsbedürftigkeit im Gesprächsprozess. Ich bemerke, wo ich den anderen unrechtmäßig verletzt habe, was mir bisher überhaupt nicht aufgefallen war.

Gleichzeitig – und das ist das Gute daran – verstehe ich aber auch mehr davon, was ich da gemacht habe. Ich komme dahinter, warum mich eine Situation so bedrängt hat, dass ich verbal um mich geschlagen habe oder warum mich eine harmlos gemeinte Bemerkung so ärgerlich gemacht hat. Das heißt, ich stehe am Ende des Gesprächs nicht auf einmal mit einem Berg unverständlicher Schuld da, der im Gespräch aufgedeckt worden ist. Stattdessen kann ich mich wieder ein Stückchen mehr als Mensch verstehen, der über viele Einflüsse und Erfahrungen so geworden ist, wie er zurzeit ist, und der unter der neuen Erfahrung gerade dabei ist, sich wieder ein bisschen zu ändern. Ich muss auch nicht auf Biegen und Brechen verhindern, dass mir Fehler nachgewiesen werden, weil das kein Weltuntergang ist. Im Gegenteil, ohne das Lernen aus Fehlern wäre es nicht möglich, einen guten Lebensweg einzuschlagen. Nur durch Fehler, über die wir nachdenken, bekommen wir ein Gefühl dafür, wo es für uns und andere gut ist und wo nicht. Stellen Sie sich nur vor, wie Sie es machen, wenn Sie das Bild eines Fernglases oder eines Beamers scharf einstellen wollen. Sie verstellen den Fokus in beide Richtungen, bis es spürbar unscharf wird. Erst dann haben Sie ein gutes Gefühl dafür, wo der optimale Bereich liegt. Das heißt, Sie machen mit Absicht Fehler in beide Richtungen, um zu wissen, wie es am besten geht. So ähnlich funktioniert es im Leben, wenn wir auch die Fehler meist nicht mit Absicht machen.

Ein wichtiges Thema im Zusammenhang mit dem Verstehen uns selbst gegenüber soll jetzt zum Abschluss des Kapitels noch Erwähnung finden: der Umgang mit der eigenen Scham.

Uns selbst besser zu verstehen bedeutet nämlich noch mehr, als uns über die Kränkungen, die wir anderen zugefügt haben, besser kennenzulernen. Es bedeutet auch, mit den Kränkungen besser umgehen zu können, die wir uns selber zufügen. Das ist z. B. überall dort der Fall, wo wir uns im Nachhinein für eine Situation schämen. Das Gefühl der Scham oder der Peinlichkeit kommt immer dann auf, wenn wir uns in einer Situation so verhalten haben, dass wir unserem Selbstbild nach außen oder innen hin nicht gerecht geworden sind. Im Modell gesprochen: Wir haben uns selbst eine Einbuße in der Selbstausdehnungsrichtung „Ehre" zugefügt. Man kann sich auch für jemand anderen schämen, aber immer nur dann, wenn man in einem bestimmten Bereich mit dieser Person identifiziert ist, sie also sozusagen als Ausdehnung des eigenen Ich erlebt. Zum Beispiel geht es ehrgeizigen Eltern so, deren Kind beim Schulkonzert versagt. Außenstehende können das natürlich wieder ganz anders wahrnehmen, aber es geht um das subjektive Gefühl, das z. B. diese Eltern haben.

Richtig peinlich sind vielen Menschen aber eben doch vor allem die selbst verpatzten Auftritte, welcher Art auch immer. Und auch hier lohnt es sich sehr, darüber nachzudenken, wie es denn überhaupt zu dieser Situation kam. Dass auf der einen Seite die Anforderung entstand (korrekt gekleidet zu sein, unterhaltsam zu sein, obwohl man keinen kennt, eine Rede zu halten oder was es auch gewesen sein mag) und auf der anderen Seite ich selbst stand, der offensichtlich irgendwie nicht ausreichend ausgerüstet war, um diese Situation ordentlich zu bewältigen. Beides hat Gründe. Das machen sich aber viele, die von solch einer selbst zugefügten Kränkung betroffen sind, nicht ausreichend klar. Stattdessen leiden sie – analog zu den fremdverursachten Kränkungen – an ständigen gedanklichen Wiederholungen der Situation, die ebenfalls wie vergebliche Versuche ihrer Psyche wirken, das Ganze im Nachhinein noch zurechtzudrehen oder auszumerzen. Im Effekt sind solche Grübeleien aber eher noch destruktiver als bei den fremdverursachten Kränkungen, weil hier auch noch weitgehend die moralische Überlegenheit fehlt, die ein Opfer anderer immerhin noch auf seiner Seite hat. Stattdessen verschlechtern die Betroffenen ihr Selbstwertgefühl immer noch weiter und fühlen sich das nächste Mal in vergleichbaren Situationen eher noch unsicherer. Deswegen ist es wichtig, gar nicht erst zu versuchen, peinliche Situationen links liegen zu lassen. Es geht darum, sie zu analysieren. Wenn ich einigermaßen verstanden habe, was da unglücklich zusammengetroffen ist und dann folgerichtig auch nicht gepasst hat, kann ich es nicht nur das nächste Mal anders anpacken. Ich kann es vor allem loslassen, jedenfalls eine ganze Menge davon. Ich kann mir vergeben, was da passiert ist bzw. was ich da selbst mit mir gemacht habe.

Was sicher deutlich geworden ist: Das Verstehen kann uns selbst von einer Menge Ballast und Grübelthemen befreien, kann Freundschaften und Beziehungen erhalten, macht manchmal aber auch richtig Arbeit und erfordert Mut.

Insbesondere in den Fällen, wo ich erst im Nachhinein merke, dass mich eine Bemerkung oder ein Verhalten ernsthaft gekränkt hat, entsteht immer die Frage, wie ich denn nun damit umgehe. Ich erlebe immer wieder, dass es sich Menschen gar nicht vorstellen können, noch nach Wochen oder gar Monaten und Jahren auf jemanden zuzugehen, um ihm mitzuteilen, wie er sie damals verletzt hat. Sie glauben, dass das ganz peinlich werden müsse, sie ausgelacht werden oder Ähnliches.

Die Erfahrung zeigt anderes. Wir haben in der Therapie schon oft Patienten geraten, genau das zu tun, nämlich die Leute anzusprechen, die sie an einem bestimmten Punkt, vielleicht vor Jahren, gekränkt haben. Die Erfahrungen sind durchweg ermutigend. Fast immer geht es den Betroffenen nach dem Gespräch besser, und noch niemals wurde jemand ausgelacht. Selbst wenn Gesprächspartner sich stark ausweichend verhalten oder das Problem herunterspielen, weiß der Betroffene nachher mehr als vorher. Ich denke, dass eine ganze Menge Unversöhntheit allein deswegen in der Welt ist, weil viele nicht wissen, dass geschehenes Unrecht auch nach langer Zeit noch angesprochen werden kann.

Ob der Weg des Verstehens bis zur wirklichen Vergebung führt, lässt sich nicht sicher vorhersagen, bevor ein Mensch ihn beschritten hat – also verstehen will. Dass er eine Entlastung bringt, ist fast sicher.

Aber es gibt auch Situationen von Verletztheit, wo das Gespräch nicht als Möglichkeit offensteht, schon aufgrund der Nähe, die es erfordert. Hier kommen die beiden anderen Wege infrage, auf denen Vergebung erreicht werden kann.

5. Die Relativierung

Das Verstehen als Weg zur Vergebung beruht darauf, dass ich mir mehr Informationen über den anderen verschaffe. Dadurch entsteht zunehmend Verständnis. Meist wird hierzu der direkte Kontakt zum Verursacher der Kränkung erforderlich sein, das Gespräch nämlich. Wenn die Verletzung in einer engen Beziehung geschehen ist, bedeutet Verstehen auch immer Relativierung des Geschehenen aneinander. Partner verstehen, dass eine Eskalation stattgefunden hat, an der beide beteiligt waren, bevor das passierte, was einer der beiden dann als Verletzung erlebte. Im Gespräch wird deutlich, dass er seinen Anteil an dem vorher stattgefundenen Aufschaukelungsprozess ausgeblendet hatte und die konkrete Kränkung nur die sichtbare Spitze des gemeinsamen Eisberges war. Hier geschieht also schon eine Relativierung des Schuldanteils des Partners.

Das Prinzip der Relativierung funktioniert aber auch in einem deutlich größeren Rahmen, und das ist seine spezifische Stärke. Das kann mich dazu befähigen, auch mit solchen Verletzungen umzugehen, die ich im Einzelnen nicht verstehe und wo ich vielleicht auch gar keine Möglichkeit habe, mir ein genaueres Bild zu verschaffen. Den Weg der Relativierung einzuschlagen bedeutet nämlich zunächst, meinen Blick nicht auf den anderen und seine Wahrnehmungen zu richten, sondern auf mich selbst.

Relativierung bedeutet, dass ich ein Unrecht, das mir zugefügt wurde, vergleiche mit Unrecht, das ich selbst schon anderen angetan habe.

Möglicherweise merke ich dabei, dass ich selbst auch schon ähnlich reagiert oder gehandelt habe, wie ich es jetzt aus der Position des Betroffenen erlebe. Das wird dann Auswirkungen auf die Beurteilung anderer haben.

Ein Beispiel: *Stellen Sie sich vor, es gibt an Ihrem Arbeitsplatz eine wöchentliche Morgenbesprechung. Eine Kollegin kommt dazu ständig zu spät, mal fünf, mal zehn Minuten. Jedes Mal Störung, Stühlerücken, meist auch noch irgendeine dumme Entschuldigung. Auf die Dauer kann man sich darüber ja aufregen. Es muss doch möglich sein, einmal pünktlich zu sein!*

Nun passiert es Ihnen aber, dass Sie die Vorbereitung der Sitzung übernommen hatten und – total verschlafen. Unter Verzicht auf sämtliche Körperpflege und Ernährung hetzen Sie los, kommen aber trotzdem eine halbe Stunde zu spät. Dann merken Sie auch noch, dass Sie Ihr Konzept zu Hause haben liegen lassen. Es ist wirklich ziemlich peinlich.

Sie werden merken, dass Sie der Kollegin auf einmal anders gegenüberstehen. Vielleicht sind Sie geradezu froh, das es außer Ihnen wenigstens noch einen Menschen gibt, der für Unpünktlichkeit bekannt ist.

Allerdings: Mit jedem Mal, wo Sie wieder pünktlich waren, werden Sie wahrscheinlich auch wieder strenger. Fanden Sie es zunächst geradezu dankenswert, dass die Kollegin Ihnen so willig die Rolle des Zuspätkommers wieder abgenommen hat, beginnt es Sie nach einiger Zeit wieder zu nerven. Mit anderen Worten: Ihre Vergebungsbereitschaft, die für kurze Zeit so überschwänglich da war, ist schon wieder verebbt. Man könnte auch sagen: Ihre Vergebungsfähigkeit. Sie müssen sich über ein Verhalten wieder ärgern, das Sie vor Kurzem noch geradezu erleichternd fanden.

An diesem bewusst harmlos gewählten Beispiel wird einiges über den Weg der Relativierung deutlich. Wie kränkend wir dasselbe Verhalten empfinden, das in diesem Beispiel jede Woche angeboten wird (das Zuspätkommen), hängt offensichtlich nicht von dem Verhalten an sich ab. Es scheint vielmehr davon abzuhängen, wie es gerade in uns selbst aussieht.

Auf das Beispiel bezogen: Wie Sie die Kollegin empfinden, hängt sichtlich davon ab, über welche eigenen Eigenschaften und Möglichkeiten Sie sich aus gegebenem Anlass klar geworden sind. Dass Sie nämlich in der Lage sind, noch viel auffälliger und störender zu spät zu kommen als diese.

Man kann die Relativierung also als Gegenüberstellung von Unrecht, das uns zugefügt wird, mit von uns selbst verursachtem Unrecht auffassen.

Anders gesehen kann man sie auch als die Relativierung unserer eigenen Selbstgerechtigkeit betrachten.

Mit Selbstgerechtigkeit meine ich das Gefühl der eigenen moralischen Integrität. Dass es für mich z. B. überhaupt nicht infrage kommt, andere zu stören und zu verletzen. Dass meine Fähigkeiten und mein Kontrollsystem so gut sind, dass mir kaum Fehler passieren können, die für andere Unrecht bedeuten. Ich lebe in dem Selbstgefühl, niemanden zu beleidigen, keinem etwas wegzunehmen, Gesetze zu achten und mit Dingen, die mir anvertraut sind, so sachgerecht umzugehen, dass sie keinen Schaden nehmen.

Aus dieser Haltung heraus, die ich hier zugegebenermaßen etwas extrem dargestellt habe, kann ich dann nicht mehr nachvollziehen, wie jemand so „verdorben“ sein kann, dass er eines oder mehrere dieser Dinge einfach tut. Ich verurteile solche Leute. Zum einen verurteilen wir andere Menschen innerlich und vor anderen, wenn wir ihr Scheitern und ihre Hilflosigkeit nicht verstehen. Dann sind sie unfähig. Oder zum anderen, wenn wir ihr Verhalten für bösen Willen bzw. Mangel an gutem Willen halten. Dann sind sie schlecht.

Selbstgerechtigkeit lässt uns anderen gegenüber hart werden in unseren Urteilen. Je länger bei uns alles in ruhigen Bahnen gelaufen ist und wir keine Anfrage mehr an uns heranlassen mussten, desto sicherer werden wir. Wir nehmen es nicht mehr als gute Phase wahr, sondern als das Selbstverständliche. Abweichungen vom Soll haben bei anderen entweder mit Unfähigkeit oder mit bösem Willen zu tun, was allerdings unwichtig ist, weil Menschen aus beiden Kategorien nichts taugen.

Umdenken können wir oft erst dann, wenn wir an irgendeiner Stelle des eigenen Lebens damit konfrontiert werden, dass wir doch nicht alles so sicher im Griff haben.

Wie ein Eisläufer, der sich gerade noch über die Angsthasen am Ufer des Sees lustig gemacht hat, auf einmal ganz andere Gefühle bekommt, wenn er einbricht. Auf einmal würde er sich sogar sehr gerne helfen lassen von denjenigen, die er bis eben verachtet hat. So können manchmal Entwicklungen in unserem Leben uns plötzlich davon überzeugen, dass wir in bestimmten Bereichen besser einen kräftigen Rückzieher machen, was unser Vertrauen in unsere Integrität und unsere Selbstgerechtigkeit angeht.

In Bezug auf unser Thema hilft es allerdings nur dann,

wenn wir in einem Bereich, wo wir Kränkung durch andere erlebt haben, bemerken, wie krankmachend wir selbst sind.

So haben schon viele Menschen, als sie in die Lage kamen, Erfahrungen mit eigenen Kindern zu machen, grundlegend umgedacht. In Bezug auf Lärmbelästigung für die Umgebung und Ordnung wurden sie auf einmal richtig tolerant. Das trifft auch auf die Erziehung zu: Früher hatten sie vielleicht nur Verachtung übrig für junge Eltern, die sich an der Hand von unleidlichen, heulenden Kindern durch die Gegend zerren ließen. Aus der Perspektive vieler Eltern bekommt all das seinen pädagogischen Sinn – und manchmal liegt die Wahrheit tatsächlich in der Mitte.

Vielleicht hat jemand oft auf die faulen Arbeitslosen in der Nachbarschaft geschimpft, die dem Steuerzahler auf der Tasche liegen und in Wirklichkeit doch gar nicht arbeiten wollen. Seine Einstellung wird sich schnell und grundsätzlich ändern, wenn unversehens sein eigener Job wegrationalisiert wird und er keinen neuen findet.

Wer Lehrer wird, erlebt den Schulalltag deutlich anders als früher in der Schülerrolle. Was damals Gemeinheit und Strenge war und entsprechend kränkte, empfindet er jetzt vielleicht als unverzichtbare Struktur, weil sonst alles ja drunter und drüber ginge.

Gleichzeitig schwindet immer mehr das Verständnis für unliebsames Schülerverhalten, obwohl in diesem Beispiel der Betreffende es doch aller Wahrscheinlichkeit nach viele Jahre selber an sich hatte. Aber weil er es jetzt nicht mehr selber zeigt, gehört es eben bald entweder zur Kategorie „frech“ oder zur Kategorie „faul“. Die Wandlung von der

Schüler-Selbstgerechtigkeit zur Lehrer-Selbstgerechtigkeit ist vollzogen. Ich pointiere hier natürlich. Es gibt sehr wohl auch Lehrer, die ihr Berufsleben lang Verständnis für ihre Schüler haben. Ebenso wie es auch Meister gibt, Eltern, Professoren, Politiker, die sich gemerkt haben, was sie früher dachten und taten, und daran relativieren, was ihnen heute durch Menschen geschieht, die in ähnlicher Lage sind wie sie damals. Aber der viele Ärger, den es unter Personen gibt, die in unterschiedlichen Bezugsräumen leben, zeigt, dass leider in der Regel das gegenseitige Verständnis immer mehr einschläft.

Auch unter Menschen aus dem gleichen Bezugsraum ist die Überzeugung häufig anzutreffen: „Das hätte ich nie gemacht!" Zum Beispiel wenn in einer Konkurrenzsituation im Beruf einer den anderen übergangen hat, das entscheidende Gespräch geführt hat und jetzt die bessere Stelle bekommen hat. Das Recht, wenigstens in Form der Selbstgerechtigkeit, ist damit immerhin auf der Seite des Verlierers verblieben. Der ehemalige Konkurrent wird abgewertet. Die Frage ist allerdings, wie die Situation in Wirklichkeit lag. Vielleicht hatte der nicht beförderte Kollege einfach nicht mitbekommen, dass an diesem entscheidenden Tag der Abteilungsleiter im Haus war und er mit ihm hätte sprechen können. Wenn der bei ihm ins Büro gekommen wäre, hätte er es sich wohl kaum verkniffen, ihn auf die freie Stelle anzusprechen. Vielleicht gab es auch in der Vergangenheit durchaus Situationen – ein paarmal befördert wurde er ja schließlich auch schon –, wo er seine Chancen beim Schopf ergriffen hat. Da waren mit gleich viel oder mit gleich wenig Recht andere auf ihn sauer, die ihn als unsolidarisch empfanden. Aber weil es niemanden gibt, der ihn darauf aufmerksam macht, bleibt die subjektive Situation in diesem Fall: Der andere hat mir Unrecht getan, mich gekränkt. Und der Betroffene wird lange daran leiden, weil er diese als Demütigung und Zurücksetzung empfundene Entwicklung aus seiner Selbstgerechtigkeit heraus nicht wieder loswird. Vor allem dann, wenn er anschließend lange auf seine Beförderung warten muss, wird er immer wieder in der gleichen Weise darüber grübeln.

Selbstgerechtigkeit bedeutet Blindheit gegenüber der Kränkung, die von mir ausgeht.

Man könnte auch sagen: Blindheit gegenüber der Schuld, die ich anderen gegenüber auf mich lade. Ich erlebe zwar überdeutlich, wenn andere Schuld auf meine Seite der Waage legen, habe aber kein Empfinden mehr dafür, wie ich die Schale der anderen belaste. Deswegen wiegt für mich auch so schwer, was auf meiner Seite abgelegt wird, und ich leide besonders darunter.

Das ist eigentlich erstaunlich. Auf den ersten Blick sollte man doch davon ausgehen, dass Selbstgerechtigkeit ein ganz gutes Gefühl ist. Die Selbstgerechtigkeit an sich ist es natürlich auch, und so ist es auch von unserem Unbewussten gemeint, das uns den Blick auf die eigenen Fehler verschleiern möchte. Aber, um im Bild der Waage zu bleiben: Unserer inneren Waage fehlt das Gegengewicht, wenn wir verletzt werden. Wir spüren nur noch die Verletzung, sehen aber nichts auf der anderen Waagschale, das ein Gleichgewicht herstellen könnte oder unsere Last wenigstens ein bisschen ins Schweben bringt.

Deshalb sind Menschen, bei denen die Selbstgerechtigkeit lange nicht durch äußere Ereignisse hinterfragt und gestört wurde, oft auch ausgesprochen verbittert und unglücklich. Sie erleben nur noch das Schlechte, das von überall her an sie herangetragen wird und das ziemlich gewichtig wirkt, da es kaum noch etwas gibt, um es relativieren zu können. Das heißt: negative Grübelthemen in Hülle und Fülle.

Der psychische Sinn der Selbstgerechtigkeit ist natürlich die narzisstische Selbstaufwertung. Wenn ein Mensch seine Fehler ausblendet, kann sich das Ich ungestört in Größenfantasien ergehen. Was ich hier als „Selbstgerechtigkeit" bezeichne, geht in verschiedene Richtungen in das narzisstische System ein und dient der Erweiterung meines Selbst.

Zum Beispiel im Bereich Ehre: Ich bin überzeugt, dass ich besser und rechtschaffener als die meisten anderen handele. Im Bereich Besitz: Ich habe meine Sachen besser im Griff als viele andere; mir passieren keine Autounfälle durch Ungeschicklichkeit oder zu schnelles Fahren; weil ich mit den Dingen sachgerecht und vorsichtig umgehe, geht mir nichts kaputt; weil ich meine Terminplanung im Griff habe, versetze ich keinen. Im Bereich Liebe/Lust: Treue ist für mich selbstverständlich, ich würde nie irgendwelche sexuellen Eskapaden machen (wie andere).

Weil diese Selbstaufwertungsmechanismen ohne unser bewusstes Zutun ablaufen, sind wir oft auf Störungen von außen angewiesen, die uns wieder deutlich machen, dass das nicht die ganze Realität ist. So täte es dem nicht beförderten Kollegen aus obigem Beispiel vielleicht gut, wenn ihm ein Opfer seiner bisherigen Karriere einmal ordentlich Vorwürfe machte, damit er seine eigenen Anteile wieder sieht. Im ersten Beispiel konnte das eigene

Zuspätkommen wenigstens für einige Zeit das Leiden an der Unpünktlichkeit der Kollegin erheblich mindern.

Diese Einbrüche der Realität in unsere gewachsenen Größenfantasien sind oft allerdings sehr plötzlich und schmerzhaft. Auch wenn wir sehen, dass wir mit unseren Einstellungen schiefgelegen haben, hätten wir uns die Aufklärung darüber doch etwas schonender gewünscht.

Gute Freunde geben uns manchmal Hinweise, die besser zu verarbeiten sind. Allerdings haben wir hier auch den Freiraum, diese von uns zu weisen und nicht anzunehmen. Wir lernen also längst nicht so zwangsläufig wie beim Scheitern in der Realität. Trotzdem – ich denke, das ergibt sich aus dem Gesagten – könnten wir viel gewinnen, wenn wir solche Fingerzeige ernst nähmen. Wenn ein Mensch versteht, dass er nicht alle Bastionen der eigenen Größenideen halten kann, ist das oft daran zu erkennen, dass er über sich selbst lachen kann. Er hat gemerkt, dass diese Selbstbilder auch immer ein bisschen damit zu tun haben, dass er sich selbst etwas vorflunkert. Wer in einer Psychotherapie beginnt, über sich selbst zu lachen, hat schon eine ganz wichtige Hürde genommen.

Das Thema der Relativierung gewinnt allerdings erst seine ganze Tragweite, wenn man es in einen spirituellen Rahmen stellt. Ein Gleichnis aus dem Neuen Testament macht das besonders deutlich, das deshalb hier wiedergegeben werden soll. Jesus erzählt es seinen Jüngern (Matthäus 18,21–35).

Der Anlass ist die Frage des Petrus, wie oft er seinem Bruder vergeben solle, wenn dieser sich gegen ihn vergeht. „Bis siebenmal?“, ist sein pragmatischer Vorschlag. Irgendwo muss ja mal die Grenze sein. Jesus nimmt ihm aber die

Hoffnung, dass es auch einmal gut sein könnte mit der Anstrengung des Vergebens, und erzählt Folgendes (zitiert nach der Übersetzung „Hoffnung für alle"):

> *„Man kann das Reich Gottes mit einem König vergleichen, der mit seinen Verwaltern abrechnen wollte. Zu ihnen gehörte ein Mann, der ihm einen Millionenbetrag schuldete. Aber er konnte diese Schuld nicht bezahlen. Deshalb wollte der König ihn, seine Frau, seine Kinder und seinen gesamten Besitz verkaufen lassen, um wenigstens einen Teil seines Geldes zu bekommen. Doch der Mann fiel vor dem König nieder und flehte ihn an: ‚Herr, hab noch etwas Geduld! Ich will ja alles bezahlen.' Da hatte der König Mitleid. Er gab ihn frei und erließ ihm seine Schulden.*
> *Kaum war der Mann frei, ging er zu einem Mitarbeiter, der ihm einen kleinen Betrag schuldete, packte ihn und schrie: ‚Bezahle mir jetzt endlich deine Schulden!' Da fiel dieser Arbeiter vor ihm nieder und bettelte: ‚Hab noch etwas Geduld! Ich will ja alles bezahlen!' Aber der Verwalter wollte nicht warten und ließ ihn ins Gefängnis bringen, bis er alles bezahlt hätte.*
> *Als nun die anderen sahen, was sich da ereignet hatte, waren sie empört und berichteten es dem König. Der König ließ den Mann, dem er die Schulden erlassen hatte, zu sich kommen und sagte: ‚Was bist du doch für ein hartherziger Mensch! Deine ganze Schuld habe ich dir erlassen, weil du mich darum gebeten hast. Hättest du da nicht auch mit deinem Mitarbeiter Erbarmen haben können, so wie ich mit dir?' Zornig übergab er ihn den Folterknechten. Sie sollten ihn erst dann wieder freilassen, wenn er alle seine Schulden zurückgezahlt hätte."*

„Das Gleiche wird mit euch geschehen, wenn ihr euch weigert, eurem Bruder wirklich zu vergeben“, setzt Jesus dann noch hinzu.

Für Außenstehende ist es in dieser Erzählung beinahe unfassbar, wie borniert dieser Verwalter ist. Auch wenn wir heutzutage eine andere Art von Rechtsprechung gewohnt sind, werden die meisten von uns dem König doch innerlich zustimmen, dass der Verwalter seinen Kredit nun wirklich überzogen hat. Dann muss er eben in die Strafgefangenschaft gehen, wie vorher schon angekündigt und im damaligen Rechtssystem vorgesehen.

Mit Sicherheit hat vorher der Verwalter den Schuldenerlass durch den König mit allergrößter Erleichterung und Freude zur Kenntnis genommen. Vielleicht kamen schon erste Ideen zu einer entsprechenden Party in ihm auf, da sieht er diesen Mitarbeiter, der ihm schon lange den kleinen Betrag schuldet. Das Geld kann er gerade jetzt gut gebrauchen. Schließlich hat ihm der Schuldenerlass nicht die Kassen gefüllt.

Der ganze Ärger, den er schon vorher auf diesen Mann angesammelt hat, kommt wieder in ihm hoch, und entsprechend grob fasst er ihn auch an. Nein, noch mal lässt er sich nicht an der Nase herumführen. Wenn er jetzt nicht bezahlen kann, wird er es ihm büßen.

Offensichtlich hat der Verwalter diese beiden Sachverhalte gefühlsmäßig auf ganz unterschiedlichen Ebenen verbucht. Es besteht für ihn gar kein Zusammenhang zwischen den Schulden, die ihm erlassen worden sind, und den Schulden, die er eintreiben will. Er sieht den Mitarbeiter, und schon ist er wieder mitten im Denken der Selbstgerechtigkeit, das er vorher offensichtlich auch gepflegt hat. Ich habe recht, und der hat Schuld. Und wenn man die Beziehung dieser beiden Männer für sich betrachtet, stimmt das vielleicht sogar. Wer weiß, wie der andere zu seinen Schulden gekommen ist? Vielleicht hat er sein Geld verspielt oder vielleicht ist er Alkoholiker. Für so etwas hat der Verwalter einfach kein Verständnis. Unfassbar. Menschen, die so mit ihrem Leben umgehen, kann er nur verachten. Er weiß um die stille Würde eines gepflegten Lebensstils.

Was aber hier auch deutlich wird: Es geht ihm überhaupt nicht gut mit seiner Selbstgerechtigkeit. Im Gegenteil, er regt sich furchtbar auf, hat Arbeit mit der Veranlassung der Gefangennahme und verdirbt es sich mit seinen Kollegen. Wie viel angenehmer hätte er es gehabt, wenn er dem Mitarbeiter wenigstens großzügig eine Fristverlängerung eingeräumt hätte.

Im Gleichnis nimmt das Unheil dann aber seinen Lauf. Der König erfährt von seiner Handlungsweise und macht seinen Erlass rückgängig.

Bei dem Verwalter in diesem Gleichnis geht es allerdings um mehr als um die Relativierung des ihm angetanen Unrechts im Vergleich zu ähnlichem eigenen Verschulden. Sein Schuldenberg ist unvergleichlich viel höher als der seines Schuldners. Er könnte ihn nie abbezahlen. Das Gleichnis zielt auf seine Lebensschuld.

Die besondere Aussage Jesu ist, und das macht auch den Kern des Evangeliums aus, der „Guten Nachricht“: Gott vergibt das, was Menschen nie abbezahlen könnten. Was auch durch Verleugnung und Verdrängung nicht weniger und nicht besser wird. Er vergibt uns unsere Lebensschuld.

Menschen dürfen ihre Schuld zugeben und trotzdem frei

leben. Genauer gesagt: Ein befreites Leben ist möglich, weil Menschen ihre Maskierung und ihr Augenverschließen, ihr Versteckspiel vor sich selbst aufgeben dürfen, da ihre Schuld vergeben ist.

Als Voraussetzung wird in diesem Text genannt: unsere Bereitschaft, den Mitmenschen zu vergeben. Das heißt, wir müssen lernen zusammenzubringen, was der Verwalter nicht zusammengebracht hat: Nämlich Menschen werden, die die Schuld, die andere ihnen gegenüber haben, auf der gleichen Ebene wahrnehmen und behandeln wie die Schuld, die sie selbst in ihrem Leben angehäuft haben. Und wenn sie an einen Schöpfer glauben, ist das auch immer Schuld ihrem Schöpfer gegenüber. So wichtig andere Menschen sind, die tiefste Verantwortung, die ein Mensch für sein Leben hat, besteht dem gegenüber, der ihm dieses Leben geschenkt hat (vgl. Donsbach 1996, S. 23 f.).

Denkt man auf diese Weise, wie Jesus es hier im Gleichnis vorstellt, über Schuld und Vergebung nach, verschieben sich die Gewichte. Für den Weg der Relativierung hatten wir bisher gesehen, dass man einen großen Unterschied erreicht, wenn man sich bereitfindet, selbst verursachtes Unrecht dem Unrecht gegenüberzustellen, das einem selbst angetan wurde. Ich brauche dann nicht mehr in der Position der Selbstgerechtigkeit zu verharren mit all ihrer Unehrlichkeit und Verleugnung, vor allem aber auch all ihrem Ärger und Hader anderen gegenüber. Stattdessen kann ich Menschen, obwohl sie mir Unrecht taten, auch endlich einmal loslassen, weil ich merke, dass ich nicht grundsätzlich anders bin. Ich merke, dass ich auch schuldig werde und kann deshalb hier und da vergeben. Wenn ich vergeben kann, bin ich an dieser Stelle wieder frei.

Jesus nun stellt das Thema in einen neuen Rahmen. Es gilt nicht mehr, ein annähernd vergleichbares durch mich verursachtes Unrecht in meinem Leben aufzufinden. Auch das gelingt ja meist nur, wenn ich durch irgendein Ereignis, wenigstens durch Freunde, aus der sich immer wieder ausbreitenden Selbstgerechtigkeit aufgerüttelt wurde. Stattdessen bildet den Hintergrund für das, was mir angetan wird, meine eigene Lebensschuld: was ich wider besseres Wissen getan habe, versäumt habe, geschadet habe und zerstört habe, an Menschen und Schöpfung. Und auch das, was ich noch schaden und zerstören werde. All das, wohl wissend, was er da tut, vergibt Gott, wenn wir ihn darum bitten. So sagt es Jesus. Und er traut uns zu, dass wir auf diesem Hintergrund auch lernen zu vergeben.

Andauernde Vergebungsfähigkeit auf der Ebene der Relativierung hat eine grundsätzliche Erschütterung der Selbstgerechtigkeit als Voraussetzung. Dieser Zustand wird normalerweise als unerträglich empfunden und muss deshalb möglichst schnell über Verdrängung „repariert" werden. Das Besondere des christlichen Glaubens ist, dass er ermöglicht, mit der Wahrheit der eigenen Schuld zu leben. In der Vergebung wird statt meiner, zum großen Teil auf Abwehrmechanismen beruhenden Selbstgerechtigkeit Gottes Gerechtigkeit in Anspruch genommen.

Trotzdem ist auch für Christen immer wieder die Frage, wie nah ihnen dieser Gedanke ist. Ob er auf das Niveau grauer Theorie zurückgerutscht ist, weil sie doch gerade mal wieder stark im Selbstgerechtigkeitsdenken stecken, oder ob er etwas bedeuten darf. Nur wo Menschen die Vergebung Gottes befreiend in ihrem Leben erfahren und in ihr Leben hineinlassen, hat das ändernde Kraft. Unrecht, das ihnen zugefügt wird, kann sie in dieser Verfassung nicht mehr existenziell treffen. Sie sind tatsächlich in der Lage, vergeben zu können.

Wahrscheinlich steckt diese Situation erlebter Vergebung auch hinter den in Kapitel 3 erwähnten Lebensberichten, wo Menschen in der Lage waren, in eigentlich nicht mehr nachvollziehbarer Weise positiv auf ihre Verfolger zuzugehen und letztlich Großes zu bewirken. Es ist jetzt klar, warum sich das nicht einfach nachmachen lässt. Das Erleben der Vergebung Gottes ist die Voraussetzung.

Großzügig sein kann man nur mit Großartigem im Hintergrund.

Dinge, die vorher unverzichtbar schienen, verlieren dann ihre Wichtigkeit. Moralisch motivierte Versuche zu vergeben, z. B. weil es in meiner Gemeinde so erwartet wird oder weil meine Freunde finden, ich soll mich nicht so anstellen, schlagen fehl. Ein Mensch, der das Gefühl hat, dass ihm Wesentliches im Leben verdorben wurde, muss den Schuldschein festhalten: nämlich die Option, schließlich doch noch einmal eine Wiedergutmachung einfordern zu können. Ich lasse nur dann gerne los, wenn ich weiß, dass ich etwas Besseres in die Hände bekomme.

Insofern hat es eine besondere Chance, wenn Christen miteinander umgehen. Beide Beziehungspartner wissen darum, dass ihnen viel vergeben wurde. Vergebung untereinander bedeutet dann im letzten Sinne gemeinsames Leben unter der Vergebung Gottes.

6. Ausgleich und Delegation

Ich gehe davon aus, dass es eine bestimmte Gruppe von Lesern gibt, die beide bisher vorgestellten Wege der Vergebung vielleicht durchaus nachvollziehbar fanden, möglicherweise auch die eine oder andere Anregung für sich mitnehmen konnten, aber letztlich doch merken, dass es so für sie nicht geht. Dass sie ein Problem, das sie belastet und vereinnahmt, auf diese Weisen nicht loswerden können.

Im Leben jedes Menschen gibt es früher oder später Situationen, wo Vergebung durch Verstehen oder Relativierung nicht zu erreichen ist. Das kann überall dort passieren, wo wir den Schutzraum der engsten selbst gewählten Beziehungen wie Freundschaft oder Partnerschaft verlassen, schon in der elterlichen Familie, im Verein, in der Gemeinde, am Arbeitsplatz oder in der Nachbarschaft. Absoluten Schutz gibt es nirgends. Auch Freundschaften oder Ehen können zerbrechen, und dann sind fast immer solche Verletzungssituationen ausschlaggebend, bei denen über Verstehen und Relativierung keine Vergebung mehr erreicht werden kann.

Der Weg des Ausgleichs ist hier noch offen. Er enthält die sehr verschiedenen Spielarten Wiedergutmachung, Rache und Delegation. In den Bereich der Vergebung gehört davon allerdings nur die Delegation. Sie ist damit der dritte Weg der Vergebung. Und natürlich gehört die Rache mit Sicherheit nicht in den Raum der Vergebung. Gemeinsam ist aber allen Varianten des Ausgleichs, dass sie auf Ausgleich des geschehenen Unrechts abzielen.

Deshalb sollen sie hier auch im Zusammenhang dargestellt werden.

Der Ausgleich erfordert kein Wieder-Einlassen auf eine Gesprächsbeziehung im Sinne des Verstehenwollens, und auch nicht, dass ein Mensch in der Lage ist, sein eigenes Leid zu relativieren. Der Ausgleich kann aus größerem Abstand heraus angewendet werden. Ein Opfer kann sich so vor seinem Täter schützen. Anders als bei den beiden anderen Wegen braucht sich der Geschädigte nicht verletzlich zu machen. Auch geht es nicht darum, sein Erleben zu hinterfragen oder zu problematisieren.

Ich möchte in den folgenden drei Unterkapiteln beschreiben, wie Menschen die Varianten des Ausgleichs im tatsächlichen Leben umsetzen und was sie für das Zusammenleben bedeuten. Insbesondere möchte ich zeigen, dass die Möglichkeit der „Delegation“, wenn man sie auch unter spirituellen Gesichtspunkten betrachtet, eine therapeutische Bedeutung bekommt, die sich kaum überschätzen lässt. Für Betroffene schwerer Verletzungen ist das möglicherweise der wichtigste und anwendbarste Teil dieses Buches.

6.1. Wiedergutmachung

Die Wiedergutmachung ist die freundlichste Variante des Ausgleichs. Genau genommen ist sie keine Form der Vergebung, sondern eine Form des Umgangs mit Unrecht, das uns zugefügt wird. Was wiedergutgemacht ist, braucht nicht mehr vergeben zu werden. Insofern hat die Wiedergutmachung erhebliche Auswirkungen auf das Thema

Vergebung, die man nicht unterschätzen sollte. Sie sollte deshalb überall, wo möglich, ins Spiel gebracht werden.

Wenn ein Mensch im Bereich Wiedergutmachung ausschöpft, was hier zu haben ist, hat er größere Chancen, ein Problem wirklich loslassen zu können.

Es gibt Fälle von Unrecht, wo die Sache über Wiedergutmachung weitgehend abgeschlossen werden kann, z. B. bei einem Autounfall mit mäßigem Blechschaden. Selbst wenn der andere grob fahrlässig war, werde ich wahrscheinlich keine wesentlichen inneren Kämpfe mehr darum haben und die Geschichte loslassen können, wenn mir erst meine Reparatur bezahlt worden ist.

Auch wenn mir jemand einen Geldbetrag schuldet, den er länger nicht zurückzahlen konnte, ist der Fall meist erledigt, wenn das Geld endlich ordnungsgemäß überwiesen ist.

Schwieriger wird es schon, wenn ich das moralische Recht zwar auf meiner Seite weiß, der Fall aber gesetzlich nicht so eindeutig geregelt ist wie bei einem Autounfall oder wenn verschiedene Rücksichtnahmen verhindern, dass eine Wiedergutmachung zustande kommt.

So schleppen viele Familien Belastungen mit sich herum, die aus Erbgeschichten stammen. Das ist deshalb oft ein schwieriges Thema, weil in vielen Familien Tabus existieren, wenn es um das Thema Geld geht, und insbesondere, wenn das Thema Sterben ins Spiel kommt.

So kommt es dann, dass alte, überforderte und vielleicht auch ungerechte Eltern irgendwelche Verteilungen vornehmen, mit denen später manche Kinder ausgesprochen unzufrieden sind. Sie fühlen sich zurückgesetzt und schlecht behandelt. Wenn man als Außenstehender die jahrzehntelangen teilweise überspielten Spaltungen in Familien sieht, den Ärger, der immer wieder aufkommt, wenn von den bevorzugten Erben die Rede ist, dann kommt man leicht zu der Überzeugung, dass hier ein paar klare Worte zur rechten Zeit viel Leid hätten ersparen können. Selbst eine juristische Klärung beizeiten wäre da noch besser gewesen. Wo ich dazu beitragen kann, dass mir gegenüber gerechte Entwicklungen eingefädelt werden, sollte ich das tun. Ich sollte meine Möglichkeiten des Großmuts und der Vergebung nicht überschätzen.

Mehr als einmal habe ich folgendes Beispiel für das oben Gesagte bei Patienten miterlebt: Die ältere Tochter hat die Pflege der alten Mutter übernommen, bekommt aber mit, dass diese ihr Haus einem jüngeren Lieblingskind vermachen will, das sich gar nicht um sie kümmert. Manche Menschen lassen das tatsächlich geschehen. Anschließend verbringen sie Jahrzehnte, bis an ihr Lebensende, in Groll über diese Sache. Die ältere Tochter hat, wenn es sich so entwickelt, offensichtlich ihre Möglichkeiten überschätzt. Sie dachte, sich vornehm zurückhalten zu können und „diese Erbschleicherin" links liegen lassen zu können. Außerdem hatte sie ja alles, was sie zum Leben brauchte, sagte sie sich. Was ihr nicht klar war: Hinter der vornehmen Fassade steckt ihre Angst vor Konfrontation, und in Wirklichkeit war sie dieser Ungerechtigkeit nicht gewachsen.

Ähnlich ist es, wenn jemand – z. B. am Arbeitsplatz – öffentlich von einem Kollegen beleidigt wird. Dann ist es möglich zu versuchen, das Ganze vornehm zu übergehen oder zu überspielen. Viele versuchen das. Oft handelt sich der Betroffene aber dabei ein, dass ihm die Sache noch lange nachhängt. Immer wieder fällt sie ihm ein, wenn er den Kollegen sieht. Und wenn über den Kollegen gesprochen wird, kann er gar nicht verhindern, kleine Spitzen loszulassen. Er würde sich das Leben deutlich einfacher machen, wenn er – sobald es ihm nach der Situation möglich ist – von dem Kollegen verlangt, dass dieser seine Beschuldigung oder Beleidigung auch öffentlich wieder zurücknimmt. Lässt der Kollege sich nicht darauf ein, weil er z. B. seinen Fehler nicht einsehen will, kann der Betroffene wenigstens klar und deutlich in derselben Öffentlichkeit sagen, wie er diese Beleidigung fand. Oder, wenn es sich um eine Anschuldigung handelte, klarstellen, wie die Dinge aus seiner Sicht aussehen.

Es geht hier um das Prinzip, dass es oft weise ist, das, was in einer Situation an Wiedergutmachung zu erhalten ist, auch in Anspruch zu nehmen. Wo man dafür sorgen kann, dass Entwicklungen gerecht eingefädelt werden, sollte man sich nicht davor drücken, dies auch zu tun.

Natürlich ist es auch gut, Zivilcourage für andere zu entwickeln. Das soll hier aber deshalb nicht weiterverfolgt werden, weil es nichts mit dem eigentlichen Thema dieses Buches zu tun hat.

Es geht im Zusammenhang mit dem Thema „Vergebung“ darum, dass Sie das, was Sie können, dafür tun, um anschließend nicht unnötig viel Vergebungsarbeit leisten zu müssen. Denn so viel ist klar: Alles, was an Unrecht nicht wiedergutgemacht wird, müssen Sie anschließend in sich aufarbeiten. Entweder Sie müssen grübeln und Groll hegen, oder Sie müssen einen längeren Weg der Vergebung gehen.

Wie viel jemand letztlich erreicht, der eine Wiedergutmachung einfordert, ist sehr verschieden. Es hängt stark vom jeweiligen Rechtssystem ab, davon, wie weit die verletzende Person überhaupt in der Lage ist, Wiedergutmachung zu leisten, und auch davon, ob die Ansprüche in optimaler Weise geltend gemacht werden. Aber selbst dann, wenn jemand keine Wiedergutmachung erreichen konnte, macht es doch einen Unterschied, ob er den Mut hatte, einen gerechtfertigten Standpunkt zu vertreten oder nicht. Er hat dadurch seine Selbstachtung erhalten können. Nicht sinnvoll und auch eher schädlich für das Selbstwertgefühl ist es allerdings, Wiedergutmachung einzufordern, wo in der Realität keine Ansprüche und Möglichkeiten bestehen. Das sollte deshalb immer vorher abgeklärt werden. Manchmal ist es erforderlich, sich einzugestehen, dass auf diesem Weg nichts zu erreichen ist.

Die Wiedergutmachung hat übrigens den Nebeneffekt, dass Sie mit dem Gegner in irgendeiner Form – zumindest indirekt – Kontakt aufnehmen müssen. Es kann sein, dass Sie das noch einmal von Ihrer Sicht der Dinge überzeugt, es kann aber auch geschehen, dass Sie Einzelheiten erfahren, die Ihre Wahrnehmung ändern. Manchmal geschieht es, dass sich über das Einfordern von Wiedergutmachung ein Weg des Verstehens anbahnt. Da hätten Sie dann noch einiges an Arbeit vor sich, dafür aber auch unversehens eine gute Möglichkeit, aus dem vorangehenden Konflikt für Ihre Persönlichkeit zu profitieren.

Nun sind vielleicht einige von Ihnen noch nicht überzeugt. Ist es nicht ziemlich kleinlich, überall aufzupassen, dass möglichst viel von dem Unrecht, das einem eventuell zugefügt wird, möglichst bald wieder ausgeglichen wird? Sollte man das Leben nicht etwas großzügiger sehen?

Dazu möchte ich Folgendes sagen: Großzügigkeit ist eine hervorragende Eigenschaft, die viel zum friedlichen Zusammenleben der Menschen beiträgt.

Aber Großzügigkeit ist nur aus einem Gefühl der Stärke heraus möglich. Wenn Sie z. B. Mitleid bekommen, weil Sie einen Bericht über frierende oder hungernde Menschen in einem Kriegsgebiet sehen, geben Sie vielleicht eine großzügige Spende. Wenn aber Ihr Arbeitgeber beschließt, dass ein ähnlich großer Betrag zur Stützung des Unternehmens von Ihrem Gehalt einbehalten wird, fühlt sich das ganz anders an. Wohlgemerkt, es geht um den gleichen Betrag. Der Unterschied ist nur, dass Sie das eine Mal selbst einen Beschluss gefasst haben, das andere Mal über Sie verfügt wird. Das eine Mal sitzen Sie am längeren, das andere Mal am kürzeren Hebel. Und Sie würden sich etwas vormachen, wenn Sie auch im zweiten Fall „großzügig" sein wollten. Denn das, was Ihr Arbeitgeber da gegen jedes Tarifrecht vorhat (das sei einmal vorausgesetzt), ist Unrecht. Sie würden sich noch lange ärgern, wenn Sie das einfach so durchgehen ließen. Außerdem würden Sie jedes Vertrauen in Ihre Berufsumgebung verlieren. Wenn das so geht, erhalten Sie vielleicht das nächste Mal ebenso locker Ihre Kündigung.

Großzügigkeit wird manchmal der Deckmantel der Feigheit. Menschen reden sich ein, dass sie noch im Bereich der Vornehmheit oder Großzügigkeit sind, und in Wirklichkeit sind sie schon längst in eine Zone abgedrängt worden, wo sie am kürzeren Hebel sitzen und es sich gefallen lassen, dass ungerecht mit ihnen umgegangen wird.

Zum Beispiel geht es oft Lehrern so, die gezielte Provokationen von Schulkindern „übersehen". Die Klasse ahnt sehr schnell, dass hinter dieser Toleranz keine pädagogische Überzeugung steht, sondern dass der Lehrer Angst hat, in die eigentlich nötige Konfrontation zu gehen. Dass d er betreffende, meistens unerfahrene Pädagoge nicht auf Wiedergutmachung von Grenzüberschreitungen wie Schimpfworten und Störungen besteht, fasst die Klasse als ermutigendes Signal auf, in dieser Richtung weiterzumachen. So bekommt er dann möglicherweise bald den gesammelten Schulfrust in aggressiver und demütigender Form ab.

Die Szenerie der Schule eignet sich übrigens deshalb so gut für Beispiele, weil hier manche zwischenmenschlichen Prozesse viel unmittelbarer zu verfolgen sind. Tabus und Höflichkeitsregeln spielen bei Heranwachsenden eine weit geringere Rolle als in der Erwachsenenwelt, wo sie zumindest manche Entwicklungen abmildern.

Trotzdem laufen ähnliche Mechanismen auch in der Berufswelt ab. Wer sich Unrecht zufügen lässt, erniedrigt die Schwelle für andere, es wieder zu tun. Und das heißt, dass er sich innerlich mit immer mehr Kränkungen herumschlagen muss.

Die meisten Mobbingopfer am Arbeitsplatz sind ja nicht etwa Menschen, die sich so furchtbar benehmen, dass die Mehrheit der Kollegen den Beschluss fasst, den Betreffenden „rauszuekeln“. Stattdessen sind es gerade die oben erwähnten Personen, die nicht darauf bestehen können, dass ihre Grenzen geachtet werden. So entlädt sich immer häufiger – weil ungestraft – bei ihnen Ärger, der meist eigentlich ganz woanders hingehört. Irgendwann wird die Situation dann unhaltbar und der Betreffende muss gehen.

Gerade aggressionsgehemmte Menschen, die große

Schwierigkeiten haben, sich einmal klar durchzusetzen mit ihren Wünschen, und meist noch nicht einmal bewusst Ärger erleben, sind in Wirklichkeit manchmal so geladen mit Aggression, dass sie kaum noch denken und arbeiten können. Ihr Unbewusstes verbraucht fast sämtliche psychische Energie, um diese Inhalte, nämlich die Demütigungen und den Ärger, aus dem Bewusstsein fortzuhalten. Das wird aber erst in einer Therapie deutlich, die meist dann aufgesucht wird, wenn es wirklich nicht mehr geht und der Betreffende z. B. schon monatelang krankgeschrieben ist.

Ich hoffe, es ist deutlich: Keine Grenzen zu setzen hat nichts mit Friedfertigkeit zu tun. Echte Friedfertigkeit ist eine gute, förderungswürdige Eigenschaft. Aber sie ist nur im Sinne der eben genannten Großzügigkeit aus einem Gefühl der Stärke heraus möglich.

Manchmal erlebe ich auch, dass christliche Begründungen dafür benutzt werden, wenn Menschen nicht auf Einhaltung ihrer Grenzen bestehen und gegebenenfalls Wiedergutmachung verlangen. Das klingt aufs Erste vielleicht auch schlüssig. Man argumentiert z. B., dass Demut eine Tugend ist oder dass es darum geht, Schätze im Himmel zu sammeln.

Das Problem ist nur, dass auch diese Christen – es wäre schlimm, wenn es nicht so wäre – ein funktionierendes narzisstisches System haben. Sie sind kränkbar wie andere Menschen auch. Sicherlich gibt es Sonderfälle. Wenn jemand, der wie Franz von Assisi aus Überzeugung barfuß in geliehenen Sachen durch die Gegend zieht, darüber lacht, wenn ihm jemand auch noch sein letztes Taschentuch wegnimmt, nehme ich ihm das ab. Der geschichtliche

Franziskus scheint jedenfalls jemand gewesen zu sein, der es äußerst kritisch wahrnahm, wenn sich sein Besitzdenken in jeglicher Hinsicht wieder ausbreiten wollte. Er entwickelte einen geradezu sportlichen Ehrgeiz darin, oft auch verbunden mit Humor, Selbstausdehnungen so weit wie möglich nur in vertikaler Richtung zuzulassen. Aber das ist die Situation eines Heiligen. Er kann uns viele wichtige Denkanstöße geben, aber kein allgemein anwendbares Modell. Ein solcher Lebensstil funktionierte nur, weil andere da waren, die für ein Mindestmaß an Nahrung und Kleidung sorgten. Tatsache ist, dass sich die meisten von uns in einer grundsätzlich anderen Lebenssituation befinden und das auch so sein muss.

Wenn mir z. B. jemand gerade stolz seinen neuen Wohnzimmerschrank vorgeführt hat und wenige Tage später erzählt, dass er es nicht der Rede wert findet, dass die Kinder des letzten Besuchs lauter Schrammen daran hinterlassen haben, nehme ich ihm das eher nicht ab. Ebenso wenig glaube ich jemandem, der im Beruf sehr viel arbeitet, dass es ihm nichts ausmache, nicht befördert worden zu sein. Oder wenn Eltern, die ständig mit ihrem Kind für die Schule üben, behaupten, dass es ihnen nichts ausmache, wenn es sitzen geblieben ist, bin ich eher skeptisch. Wo wir uns einsetzen, erweitern wir nicht nur unseren äußeren Bereich, sondern auch den, den wir innerlich besetzen. Das muss so sein, und es ist besser, wenn wir ehrlich dazu stehen, als wenn wir uns auf der einen Seite einreden, dass es nicht so ist, und auf der anderen Seite dann aber nicht wissen, wohin mit unserer Bitterkeit und mit unserem Groll über das uns geschehene Unrecht.

Übrigens findet sich auch im Neuen Testament ein gutes Beispiel dafür, nicht darauf zu verzichten, so weit wie möglich auf Wiedergutmachung zu bestehen. Es steht in der Apostelgeschichte (16,36-39).

Paulus ist auf seiner Missionsreise mitsamt seinem Begleiter Silas in der Stadt Philippi unrechtmäßig ins Gefängnis geworfen worden. Man hat die beiden vorher noch geschlagen und misshandelt, ohne sich näher darum zu kümmern, wen man da eigentlich vor sich hat. Im Gefängnis dann geschehen bewegende Dinge, und der Aufseher wird gläubig. Am nächsten Morgen schicken die Justizbeamten Gerichtsdiener vorbei, die die Anweisung geben, „die Leute“ freizulassen. Im Originaltext geht es folgendermaßen weiter: (Übersetzung „Hoffnung für alle“):

„Der Gefängnisaufseher teilte das Paulus und Silas mit. ‚Die Stadträte lassen euch sagen‘, erklärte er ihnen, ‚dass ihr jetzt frei seid. Ihr könnt jetzt unbesorgt die Stadt verlassen.‘
Doch Paulus widersprach: ‚Sie haben uns in aller Öffentlichkeit geschlagen und ohne jedes Gerichtsverfahren ins Gefängnis geworfen, obwohl wir römische Bürger sind. Und jetzt wollen sie uns auf bequeme Weise loswerden! Aber damit bin ich nicht einverstanden. Die Männer, die dafür verantwortlich sind, sollen persönlich kommen und uns aus dem Gefängnis führen.‘
Mit dieser Nachricht kehrten die Gerichtsdiener zu den Richtern zurück. Als die hörten, dass Paulus und Silas römische Bürger waren, erschraken sie und liefen sofort zum Gefängnis. Unter vielen Entschuldigungen führten sie Paulus und Silas hinaus und baten die beiden höflich, die Stadt zu verlassen.“

Es ist deutlich: Paulus hatte in dieser Situation keine Lust, mehr als nötig an Ärger mit sich herumzuschleppen bzw. Vergebungsarbeit zu leisten. Es blieb ja auch so noch genug übrig. Er fordert ziemlich forsch eine Wiedergutmachung ein. Außerdem leistet er der neuen Gemeinde in Philippi wahrscheinlich einen guten Dienst, indem er deutlich macht, dass auch Christen wie ordentliche Bürger zu behandeln sind. Dagegen war er in zahlreichen anderen Situationen, wo es eben wirklich sein musste, auch bereit, viel für seinen Glauben auszuhalten.

Wiedergutmachung anzusprechen, wenn nötig auch einzuklagen oder durchzusetzen, ist eine sehr lohnende Investition. Für die Hass- und Grollgedanken, die Sie ansonsten hätten, müssten Sie ein Vielfaches an Energie einsetzen. Und – Sie werden zugeben, diese Alternative wäre weder vornehmer, moralischer noch christlicher. Sie wäre nur erst mal billiger zu haben. Auf gerechtfertigter Wiedergutmachung zu bestehen dagegen erfordert Mut. Aber es lässt sich – auf jeden Fall schrittweise – auch lernen, wie auch die übrigen hier beschriebenen Wege, mit Kränkungen umzugehen.

Die Wiedergutmachung bringt Sie dem Ziel, die Kränkung für sich und andere unschädlich zu machen, einen guten Schritt näher.

6.2 Rache

Von den Möglichkeiten, die wir haben, um mit Verletzungen umzugehen, ist die Rache die verpönteste. Andererseits gibt es auch das Sprichwort: „Rache ist süß." Beides umreißt schon ganz gut den Stellenwert, der der Rache meistens zugesprochen wird. Rache ist die Form von Entgegnung auf Verletzungen, die am wenigsten mit Kultur, Moral und Zivilisation zu tun hat. Auch von der Vergebung ist sie maximal entfernt, bildet gewissermaßen ihr Gegenteil. Stattdessen gilt sie als urtümlich, triebbestimmt und lustvoll in der Ausführung und hat unter diesem Aspekt durchaus Sympathien auf ihrer Seite. „Wenn ich mal könnte, wie ich wollte", hört man nicht selten. Und dann folgt irgendeine Form von Rachefantasie – oft humorvoll verpackt.

Die Rache scheint tatsächlich zu unserem ererbten Grundinventar an Reaktionsformen zu gehören. Rache nehmen zu wollen bedeutet den Wunsch, Aggression ganz direkt und ungeschminkt gegen einen Schädiger zu richten. Es geht um Revier- und Lebensraumverteidigung, darum, den Feind für seinen Übergriff zu strafen. Am besten ihn ein für alle Mal aus dem Felde zu schlagen, um dann nie wieder Ärger zu haben.

Was hat die Rache eigentlich in einem Buch über Vergebung zu suchen?

Sie ist immerhin eine der Möglichkeiten, die wir haben, auf Verletzungen zu reagieren, und gehört zum Bereich des Ausgleichs. Wie die Wiedergutmachung soll sie daraufhin untersucht werden, ob sie etwas zu unserem Thema beitragen kann. Die Rache soll auch deswegen besprochen werden, weil sie für uns Menschen eine reale Bedeutung hat, zumindest auf der psychischen Ebene. Davon können Sie sich leicht überzeugen, wenn Sie einmal eine kleine Auswahl Ihrer eigenen Rachefantasien Revue passieren lassen. Es ist hilfreich, diesen Bereich besser zu verstehen, um angstfreier mit ihm umgehen zu können.

Im Unterschied zur Wiedergutmachung zielt der Ausgleich im Bereich der Rache nicht darauf, zumindest einen Teil des Schadens behoben oder ersetzt zu bekommen. Ihr Hauptziel ist es, den Menschen, der uns verletzt hat, unsererseits zu schädigen. Anstatt noch zu retten, was zu retten ist, also möglichst viel Positives auf meine Seite zu bekommen, geht es in der Rache darum, möglichst viel Negatives auf die Seite des Verletzers zu bekommen. Sie ist also insofern das negative Spiegelbild der Wiedergutmachung. Die Rache sieht im anderen den Feind. Dieser Begriff ist allein dem Weg der Rache vorbehalten.

Ein weiterer Unterschied zur Wiedergutmachung ist, dass ein Geschädigter zwar darauf drängen kann, diese zu bekommen, es letztlich aber doch vom jeweiligen Rechtssystem und der verletzenden Person abhängt, ob und wie viel er bekommt. Bei der Rache hat es das Opfer selbst in der Hand, ob es diesen Weg des Ausgleichs beschreitet. Es macht sich also durch Rache unabhängig und autark. Der Rächer braucht keinen zu fragen, er ist nicht auf die Einsicht oder Unterstützung des Schädigers angewiesen, um sich zu helfen. Rache ist, zumindest immer in der vorlaufenden Fantasie, ein Mittel zur Selbstaufwertung.

Wie geschieht Rache?

Das Opfer eines Unrechts kann sich zum einen – Konsequenzen zunächst einmal außer Acht gelassen – auf direkte, körperliche Weise rächen, wie das in vielen Kulturen üblich war und zum Teil noch ist, bis hin zur Blutrache.

Das Opfer kann sich aber auch auf indirekte Weise und im Rahmen der Gesetze rächen, indem es Intrigen einfädelt oder Machtvorteile ausnutzt. Das ist die Form von Rache, wie sie hierzulande überwiegend vorkommt. In einem gewissen Teil der Fälle, wo Unrecht zugefügt oder subjektiv empfunden wurde, ist es durchaus möglich, auf diese Weise damit umzugehen. Der eine kann über einen Nachbarn, der ihm dumm gekommen ist, tendenziöse Geschichten verbreiten, der andere einem Kollegen die Beförderung verderben, indem er den Chef unauffällig mit negativen Details über ihn füttert, und der Dritte lässt den Pastor am Gemeindeabend auflaufen, weil er ihm nicht zum Geburtstag gratuliert hat.

Mancher wartet allerdings jahrelang auf seine Gelegenheit. Und das bedeutet, dass er jahrelang immer wieder aufkommenden Hassgedanken und Grübeleien preisgegeben ist, die ihm immer wieder – und nicht planbar – die Laune verderben werden. Wer auf Gelegenheit zur Rache wartet, welcher Art sie auch immer sein mag, muss sogar seinen Hass wach halten.

Dadurch passiert es nicht selten, dass er gar nicht bemerkt, dass sich in seinem Leben schon längst immer wieder einmal andere gute Optionen bieten. Diese nimmt er aber gar nicht wahr, weil er so stark darauf fixiert ist, dass er an der Stelle, der seine Grübeleien gelten, noch „eine Rechnung offen“ hat. Es ist, als ob jemand beim Schachspiel über mehrere Züge zäh versucht, einen Bauern zu erobern, dabei aber gar nicht merkt, dass er zwischendurch – sagen wir mal – einen Turm hätte schlagen können. Jemandem, der auf Rache sinnt, steht ein bedeutender Teil seiner Energie nicht für konstruktive Lebensentwicklung zur Verfügung. Kreativität braucht einen freien Kopf. Und solche ist für eine Lebensführung, mit der ein Mensch glücklich sein kann, reichlich vonnöten.

Die Schuld für all die inzwischen verpassten Lebenschancen, einschließlich der Verluste bei vergeblichen Racheversuchen, muss dann auch noch mit auf „die große Rechnung“, die der Betreffende offen hat.

Nun haben die weitaus meisten Menschen allerdings – in diesem Fall glücklicherweise – zu viel Angst vor den Konsequenzen, die geübte Rache für sie selbst hätte. Deshalb setzen sie ihre Fantasien vielleicht ein Leben lang nicht um. Nur auch das nützt ihnen nichts. Denn sie werden die negativen Gedanken nicht los. Weiter oben habe ich ja schon die selbstschädigende suchtartige Entwicklung beschrieben, die das nehmen kann. Heigl-Evers beschreibt, wie die „nachtragenden Affekte“, nämlich Bitterkeit, Grimm, Groll und Hader im Laufe der Jahre die ganze Persönlichkeit eines Menschen prägen bis in den Gesichtsausdruck hinein, wobei der Betroffene keine Schuldgefühle und keinen Zweifel daran hat, dass es nur diese Möglichkeit zu leben gebe (Heigl-Evers et al. 1997, S. 56).

Am Beispiel vertriebener Volksgruppen wird viel über dieses Leben im Wartestand deutlich. Vertreibung von ganzen Volksgruppen aus ihrer Heimat ist unzweifelhaft eines der eindeutigsten Unrechte, die es gibt, ganz egal, wo es geschieht und wie es begründet wird. Und sicher sollten alle Möglichkeiten ausgeschöpft werden, dieses Unrecht wiedergutzumachen. Vom Einzelnen her gedacht, wird das Leben aber trotzdem nur dann befriedigend verlaufen können, wenn es ihm gelingt, sich vom immer zunächst einmal beherrschenden Revanchismus zu lösen. Nur wer Dinge loslassen kann, kann neue ergreifen. Es nützt dem Einzelnen nichts, in einem Flüchtlingslager geboren zu werden und schließlich auch darin zu sterben, aber recht gehabt zu haben. Es nützte auch hierzulande nach dem Zweiten Weltkrieg nichts, keinen neuen Beruf zu erlernen, weil man auf die Rückgabe seines verlorenen Bauernhofes wartete.

Wer an Rache denkt, hat Feinde. Und wer Feinde hat, kommt nicht mehr zur Ruhe. Er muss sich wappnen gegen neue Übergriffe, und er muss nachdenken über Gegenangriffe.

In der Realität wissen Feinde allerdings gar nicht so selten wenig oder nichts davon, dass sie welche sind. Denn was der Hintergrund dessen war, was der Betroffene als Übergriff erlebt hat, ist ja nie geklärt worden. Insbesondere bei Ereignissen, die jemand als öffentliche Bloßstellung erlebt hat und über die nie gesprochen wurde, ist sich der Verursacher oft gar nicht über die Auswirkungen seines Handelns im Klaren. Ich habe gerade in diesen Fällen, wenn es denn endlich doch einmal zu einer Aussprache kam, oft eine erstaunliche Diskrepanz in der Wahrnehmung erlebt. Fantasiekonstruktionen über boshafte Hintergründe und Absichten des anderen fielen manchmal wie Kartenhäuser in sich zusammen, wenn darüber gesprochen wurde.

Wer sich aber für den autarken Weg entschieden hat, bei dem er niemanden braucht, nämlich den Weg der Rache, der hat auch keine Chance, so etwas jemals abzuklären.

Vielleicht kennen Sie das chinesische Sprichwort: Wenn du lange genug am Fluss sitzt, siehst du irgendwann die Leiche deines Feindes vorbeitreiben.

Nach dem Gesagten verstehen Sie, dass ich dieses Erzeugnis alter literarischer Tradition nicht für einen Ausbund an Weisheit halte – so viel Kluges die Chinesen ansonsten zu sagen haben. Die implizite Empfehlung, nicht ins Agieren zu verfallen und sich nicht in Kämpfe zu verwickeln, spart sicherlich Kräfte. Aber ein Leben lang ohne Klärung eine Feindschaft mit sich herumzuschleppen ist die eigentliche Last. Und außerdem beträgt die Wahrscheinlichkeit, dass sich das Sprichwort bewahrheitet (dass der Feind nämlich eher stirbt als ich), statistisch nur exakt 50 %. Manchmal ist es übrigens auch eine endlich versuchte, aber missglückte Rache, die Menschen davon überzeugt, dass es sinnvoller ist, sich in ihrem Leben aussichtsreicheren Betätigungsfeldern zuzuwenden.

Das Hauptproblem der Rache ist aber, dass sie nicht funktioniert. Mit ihrer Hilfe ist kein Problem abzuschließen. Das scheint nur in schlicht gestrickten Abenteuerromanen oder Filmen zu gelingen. Selbst wenn wir eine Szenerie entwickeln würden, wo ein klares Unrecht geschehen ist, ein Betroffener in der Lage ist, diese Schädigung durch eine entsprechende zu vergelten, und dies auch genau dosiert tut, ist damit noch nichts gewonnen. Im Gegensatz zur Wiedergutmachung, wo das Minus des Betroffenen durch ein Plus ausgeglichen werden kann, steht der Betroffene auch nach vollzogener Rache mit ebendemselben Minus da wie vorher. Wer jemandem, der ihm den Apfelbaum umgesägt hat, auch den seinen umsägt, erntet im nächsten Herbst deshalb trotzdem nichts.

Der Gewinn, den ein Rächer hat, ist allein die Befriedigung über den Schaden des anderen. Und das ist nicht allzu viel. Denn meist ist das Ausüben der Rache auch mit Anstrengungen und Risiken verbunden, die, anderweitig investiert, eine wesentlich dauerhaftere Befriedigung schaffen könnten.

Natürlich ist es wichtig, Grenzen zu setzen, wie im vorigen Kapitel auch beschrieben. Aber – um noch einmal auf das schlichte Bild von oben zurückzukommen – von außen betrachtet würde es wahrscheinlich jedem einleuchten, dass die Energie, die der Rächer zum heimlichen Umsägen des fremden Apfelbaums aufwendet, zweckmäßiger angewendet wäre, wenn er sich selbst einen neuen pflanzen würde. Oder einen ordentlichen Zaun anbringen würde, wenn das nötig ist.

Theoretisch besteht allerdings schon die Möglichkeit, durch Rache einen Ausgleich herzustellen. Nämlich dann, wenn die Befriedigung über den Schaden des Ersttäters bzw. die gelungene Rache ebenso groß ist wie der Schmerz über den erlittenen Verlust. Das bedeutet aber, dass die Rache entsprechend mächtig ausfallen muss. Der Zustand des gefühlsmäßigen Ausgleichs ist nie erreichbar, wenn der Schaden des anderen nicht bedeutend größer ist als der des Opfers, das ja weiterhin mit seinem Schaden dasteht. Aber das bedeutet: Eskalation.

Denn derjenige, an dem die Rache vollzogen wird, wird jetzt zum Opfer. Von seiner Position aus, selbst wenn er sich seiner Schuld bewusst ist, hat ihm der andere unverhältnismäßig großen Schaden zugefügt. Er wird jetzt seinerseits auf Rache sinnen. Und diese muss, wenn sie denn den gewünschten Effekt haben soll, wieder entsprechend größer ausfallen.

Wer mit kleinen Kindern zu tun hat, kann diesen Mechanismus dort manchmal in harmloser Version beobachten. Stellen Sie sich vor, zwei Kinder kommen im Sommer heulend und mit klatschnassen Sachen aus dem Garten zurück, in dem ein Planschbecken steht. Dann ist mit einiger Geduld meist zu erfahren, dass alles seinen

Anfang genommen hat, als irgendwann eines der Kinder einen Tropfen Wasser auf das andere hat fallen lassen. Alles Weitere hat sich dann ergeben.

Es ist gut, wenn man diesen Mechanismus schon als Kind kennen- und verstehen lernt.

Unter dem Vorzeichen der Eskalation wird auch das Verhalten der Offiziere früherer Zeiten verstehbar. Ihre „Offiziersehre" verpflichtete sie dazu, sich schon bei Beleidigungen, die uns heute geringfügig bis lächerlich erscheinen, zum Duell herauszufordern. Sie setzten sozusagen die Eskalation der Gewalt als zwangsläufig voraus, übersprangen diese und machten gleich dort weiter, wo Eskalation endet: in der endgültigen Beseitigung des Gegners. Nur dann ist Ruhe zu erhoffen. Wer damals überlebte, nahm in Kauf, gleich anschließend verhaftet zu werden.

Entsprechend haben in der ganzen Geschichte immer wieder neue Machthaber Personen, von denen sie annahmen, dass sie ihnen nicht wohlgesonnen waren, ermorden lassen. Bei einem erneuten Machtwechsel erging es ihnen dann ebenso.

Auch bei der Blutrache, die in verschiedenen Kulturen und Zeiten üblich war, ergab sich nie ein Zustand des Ausgleichs. Ganze Sippen löschten sich gegenseitig aus und konnten kein Ende finden. Im Gegenteil, oft eskalierte das Ganze über das einzelne Individuum hinaus zu Stammesfehden und Kriegen.

Manchmal, auch gerade in der jüngeren Geschichte, haben allerdings auch Unrechtsregime, die an die Macht kamen, Gelegenheit zur – vorläufig – unerwiderten Rache gegeben. Personen, die irgendeinen kleinen oder größeren Ärger mit sich herumtrugen, konnten unter Umständen durch eine Denunziation gefahrlos ein unverhältnismäßig großes Leid unter den von ihnen gehassten Personen verursachen. Im Extrem war das im Naziregime der Fall. Wir weigern uns, solche Übeltäter als ursprüngliche Opfer sehen zu wollen. Doch natürlich waren sie es auch. Und das zeigt einen weiteren wichtigen Aspekt. Jeder Täter ist auch immer früher Opfer gewesen, z. B. Opfer der Erziehung seiner Eltern oder seiner körperlichen Konstitution.

Der verhängnisvolle Militarismus Wilhelms des Zweiten z. B. hatte aus heutiger Sicht auch mit der Kompensation seiner Minderwertigkeitsgefühle wegen seiner verkrüppelten Hand zu tun. Zudem ließ ihm seine distanziert-autoritäre Erziehung wenig Chancen, ein reifes Selbstbewusstsein zu entwickeln. Und doch ist jeder, der etwas tut, ein Täter. Jeder ist verantwortlich für das, was er tut.

In der Rache wird das Opfer zum Täter. Indem es das Unrechtspendel in die Hand nimmt, um es zurückzustoßen, hat es sich schon infiziert. Es ist Unrecht, was geschieht, nicht Recht.

6.3 Delegation

Nun bleibt im Bereich des Ausgleichs für Unrecht noch die dritte Möglichkeit. Es ist die Delegation. Gemeint ist die Übertragung der ganzen Rechts- und Unrechtsangelegenheit an eine übergeordnete Instanz.

Die Delegation ist die Option, bei der ein Opfer am wenigsten mit dem Täter in Berührung kommt. Sie eignet sich deshalb auch besonders dann, wenn ein Opfer einen deutlichen Trennstrich ziehen will und muss. Das ist dann der Fall, wenn klar ist, dass eine Fortdauer der Beziehung nur zu immerwährender Fortsetzung der Verletzung, Ausbeutung oder Misshandlung führen würde. Für eine Partnerschaft oder Freundschaft kommt die Delegation kaum infrage, zumindest nicht als Lösung auf etwas längere Sicht.

Die Delegation setzt auch, wie die anderen Formen des Ausgleichs, keine innere Durcharbeitung der Kränkung durch das Opfer voraus. Somit ist sie auch dann anwendbar, wenn das Opfer z. B. aufgrund der Schwere der Traumatisierung dazu gar nicht in der Lage ist.

Zuerst möchte ich eine Form der Delegation beschreiben, die zwar äußerlich eine wichtige Funktion hat, den seelischen Erfordernissen eines Opfers aber meist nicht gerecht wird. Ich meine die Anzeige einer Straftat und damit die Weitergabe der Verantwortung an ein staatliches Gericht. Das ist sicher zweckmäßig im Sinne der Wiedergutmachung, nämlich um zu klären, was auf offiziellem Wege zu erhalten ist und sich an Schaden noch eingrenzen lässt. In den seltensten Fällen schwerer seelischer Verletzungen entspricht das, was vor einem Gericht passiert, aber dem, was ein Opfer brauchen würde, um das Gefühl zu haben, dass die Sache wieder in Ordnung ist.

Die Hauptzielrichtung moderner Rechtsprechung ist nicht Sühne oder Vergeltung, sondern eine gewisse Abschreckung für potenzielle Kriminelle, verbunden mit einer Reintegration des Täters. So ist z. B. eine Strafe auf Bewährung für einen Rechtsstaat in Ordnung und volkswirtschaftlich auch das Vernünftigste, es ist aber nicht das, was ein für sein Leben gezeichnetes Opfer einer Straftat als vollzogene Gerechtigkeit und geschehenen Ausgleich empfindet.

So erschoss ja einmal eine Mutter in einem deutschen Gerichtssaal den Mörder ihrer Tochter, weil sie die vorgesehene Strafe aus ihrem Gefühl heraus als einen Hohn auf den ihr angetanen Schmerz empfand. Selbstverständlich ist damit ihre Tat nicht zu rechtfertigen. Aber es zeigt, wie weit oft Rechtsprechung und Gefühle des Opfers voneinander entfernt sind.

6.4 Delegation als Weg der Vergebung

Für Menschen, denen der Weg des Glaubens offensteht, gibt es aber eine weitere Möglichkeit der Delegation, die ich jetzt als dritten Weg der Vergebung beschreiben möchte. Viele haben sie schon angewendet und als ausgesprochen hilfreich erlebt. Es geht darum, gerade in ausweglosen Situationen das Problemfeld für die spirituelle Dimension zu öffnen. Dadurch entstehen neue Handlungsmöglichkeiten, wo vorher überwältigende Gefühle das Feld beherrschten. Der Einstieg in den Prozess des Vergebens ist auf diese Weise auch dann möglich, wenn noch alle anderen Wege verschlossen sind.

Dass das Einbeziehen einer geistlichen Dimension in schwere Lebensprobleme zu einer großen Hilfe werden kann, die echte und beständige Änderungen ermöglicht, ist inzwischen die Erfahrung zahlreicher Selbsthilfegruppen. Es begann im Suchtbereich mit den Anonymen Alkoholikern und dem Blauen Kreuz, inzwischen gibt es auch für verschiedenste andere Problemlagen Gruppen, die nach dem AA-Modell arbeiten. In diesen Gruppen ist das Eingeständnis, mit den eigenen Mitteln am Ende zu sein und die verfahrene Lebenssituation nicht aus eigener Kraft lösen zu können, die Voraussetzung für alle weitere Arbeit. Für einen neuen Lebensansatz wird bewusst die Hilfe der „Macht, die größer als man selbst ist“, gesucht und in Anspruch genommen. Im Suchtbereich hat sich dieser Ansatz durch seinen Erfolg so bewährt, dass heutzutage jede ansonsten völlig säkulare psychiatrische Klinik ihre Suchtpatienten in Gruppen dieser Form schickt, oft sogar als Grundvoraussetzung für weitere Therapie.

Auf unser Thema bezogen meint die Einbeziehung der spirituellen Dimension zunächst einmal Ähnliches. Ein Betroffener muss auch hier zu der tiefen inneren Überzeugung gelangt sein, dass seine eigenen Anstrengungen, das Thema in den Griff zu bekommen, ins Leere gehen. Dass er mit seinen eigenen Bordmitteln nicht weiterkommt.

Was kann nun aber ein Betroffener wirklich schwerer seelischer Verletzungen tun, der immer wieder hilflos seinen Hass- und Rachegedanken ausgeliefert ist? Der auch nicht im Geringsten in der Lage ist, den Täter zu verstehen oder das Unrecht zu relativieren?

Der Betroffene kann die Bestrafung des Täters, seine persönliche Rache, an Gott abgeben. Genau das ist es, was Paulus im Brief an die Römer ausdrücklich empfiehlt. Er drückt es so aus (Kapitel 12,19, nach Luther): „Rächt euch selber nicht, meine Lieben, sondern gebet Raum dem Zorn Gottes; denn es steht geschrieben: ‚Die Rache ist mein; ich will vergelten, spricht der Herr.‘ “ (Das wiederum zitiert er aus dem Alten Testament, 5. Mose 32,35.)

Dieser Satz wirkt auf den ersten Blick sehr hart – und

entspricht auch nicht dem „Neues-Testament-Schema“ vieler Menschen. Aber hier liegt eine echte Möglichkeit für Opfer schwerer Verletzungen.

Es gibt Unrechtserfahrungen, die so tief gehen, dass wir uns nicht aussuchen können, wie wir damit umgehen wollen. Wir sind von unserer psychischen Konstitution her nicht in der Lage, eine heilsame Distanz zu unseren Gefühlsereignissen einzunehmen oder uns zu erarbeiten, wie das bei den ersten beiden Wegen der Vergebung geschieht. Manche Verletzungen sind in so tiefe Schichten unserer Seele eingedrungen, dass wir immer nur einen Teil davon auf der bewussten Ebene wahrnehmen können. Nur mit diesem können wir dann, wenn überhaupt, umgehen. Wir sind aber immer wieder neu dem ausgeliefert, was zu späteren Zeitpunkten Stück um Stück hochgespült wird.

Menschen geraten z. B. in eine solche Situation, wenn sie plötzlich von Angriffen überrascht werden. Wenn sie gar nicht damit gerechnet hätten, dass es eine Auseinandersetzung geben könnte, ein gutes Gewissen haben und sich nicht auf Abwehr eingestellt haben. Wenn dann Vorwürfe, Verleumdungen und Unterstellungen über sie hereinbrechen, können diese besonders treffen, wie z. B. Andreas W. in Kapitel 2. Der hatte vor der beschriebenen Episode sogar das Gefühl, dass alle besonders zufrieden mit ihm sein müssten. So wurde er von dem Geschehen ziemlich erwischt.

Aber es gibt ja wesentlich schlimmere Verletzungen. Was sollte jemand tun, dessen Eltern in der Nazizeit aufgrund einer Denunziation im KZ umgekommen sind, insbesondere, wenn er wusste, wer sie damals angezeigt hatte. Oder was soll eine Frau tun, die sich mit 30 Jahren darüber bewusst wird, dass ihr Stiefvater sie als Kind über Jahre hin sexuell missbraucht hat. Ihr ganzes bisheriges Leben wurde deformiert und zur Qual wegen dieses Verbrechers.

Oder der Sohn eines Alkoholikers, dem jetzt als Erwachsener noch ein Schauer über den Rücken läuft, wenn er daran zurückdenkt, wie der Vater, wenn er nachts betrunken heimkehrte, die schlafenden Kinder zum Verprügeln aus dem Bett riss.

Ganz gleich, was diese Menschen theoretisch zur Rechtsprechung, zur Rechtsstaatlichkeit, zur christlichen Moral usw. denken, gefühlsmäßig gibt es für sie nur eine Lösung, die die Sache in Ordnung bringen könnte: Der Täter muss bezahlen. Der Täter muss auf Heller und Pfennig das bezahlen, was er getan hat.

Mancher christliche Leser wird jetzt vielleicht kurz die Luft anhalten, wenn ich behaupte, dass das und nichts anderes die grundsätzliche Auffassung Gottes ist, wie sie sich uns in der Bibel darstellt. Nicht die Schuld zu verstehen und nicht, sie zu relativieren.

Schuld kann nur beseitigt werden durch Sühne.

Darum kam nach biblischer Darstellung die Sintflut, darum wanderte das Volk Israel 40 Jahre lang durch die Wüste, darum ging es in die Babylonische Gefangenschaft. Es gibt noch viel mehr Beispiele.

Allerdings, was Gott angeht, wird auch im Alten Testament immer wieder noch auf eine andere Eigenschaft hingewiesen als auf seine Gerechtigkeit in diesem Sinne: seine Barmherzigkeit. Die schwang auch immer mit, darum gab es nach der Sintflut den Regenbogen, der ein „Nie wieder“ symbolisieren sollte, und darum kehrte das

Volk Israel in sein Land zurück. In der Geschichte vom Untergang der Städte Sodom und Gomorrha lässt Gott sich sogar auf eine lange Verhandlung mit Abraham ein, wie die Kriterien für eine Strafe denn nun anzusetzen seien, und gibt immer wieder nach (1. Mose 18, 22-33). Oder er führt Diskussionen mit dem Propheten Jona, der die Vernichtung der Stadt Ninive wollte, die nicht stattfand.

Die zentrale Botschaft des Neuen Testaments ist aber, dass Gott schließlich das tat, was eigentlich undenkbar ist: Er verband Gerechtigkeit und Barmherzigkeit untrennbar miteinander und brachte beide zur Erfüllung. Indem er nämlich in Jesus selbst Mensch wurde, sich von den Selbstgerechten der damaligen Zeit hinrichten ließ und damit die Schuld der Menschen ein für alle Mal bezahlte. Damit schuf er eine neue Grundlage für das Leben. Menschen können seine Vergebung in Anspruch nehmen und in innerer Freiheit leben.

Grundtatsache bleibt aber aus theologischer Sicht, dass Schuld ein Thema ist, das ernst zu nehmen ist und prinzipiell nur durch Sühne ausgeglichen werden kann.

Wie kann nun aber jemand wirklich weiterkommen, dem eine schwere seelische Verletzung zugefügt wurde? Einerseits genügen oft geringe Anlässe oder erinnernde Szenen, um wieder in einen Strudel von Angst, Beschämung, Hass und Rachefantasien hineinzugeraten, aus dem eigentlich nur dringende Anforderungen von außen oder die Erschöpfung herausführen.

Andererseits habe ich auch beschrieben (s. Kap. 2), wie die wiederkehrenden Fantasien einen Versuch der narzisstischen Selbstaufwertung darstellen, der, während er abläuft, nicht ohne Befriedigung erlebt wird. Je länger das Trauma her ist, umso mehr kann sich dieser Prozess verselbständigt haben und Züge einer Sucht bekommen. Und an dieser Stelle geht es jetzt um eine Entscheidung.

Es ist Unfug, von sich selbst oder gar einem anderen Menschen zu verlangen, dass er sich auf die Wege des Verstehens oder der Relativierung einlässt, wenn er noch beherrscht wird von überwältigendem Hass und negativen Gedanken, die immer wieder über ihn hereinbrechen. Wollte das jemand z. B. aus christlich-moralischen Motiven heraus versuchen, würde er scheitern. Er würde entweder im besseren Fall zugeben, dass es nicht klappt, im schlechteren Fall in ein sehr schwer wieder zu entwirrendes Geflecht aus Verleugnung und Selbstbetrug hineingeraten. Es ist ebenso unmöglich, von sich selbst oder jemand anderem in dieser Situation einzufordern, die Rache doch an Gott abzugeben. Entweder kann die Kränkung noch so intensiv und beherrschend sein, dass die Psyche noch weitgehend mit der ersten Verarbeitung dieses frischen Einschnitts in das Selbstsystem beschäftigt ist. Oder es kann in einem späteren Stadium auch sein, dass die – ich nenne es mal so – „Lust“, die von den Hassgedanken ausgeht, noch zu stark ist. Auch dagegen kommt ein Opfer nicht an und sollte es deshalb lassen.

Aber es kann auch ein Punkt erreicht sein, wo ein Betroffener beginnt, Überdruss und Ekel zu empfinden in Bezug auf seine eigenen negativen Gedanken. Er merkt vielleicht, dass da ein Mechanismus wieder und wieder abläuft, der ihn nicht mehr weiterbringt, ihn aber Zeit und Energie kostet. Und auf einmal merkt er: Diese Rachegedanken stehen nicht nur mir im Weg oder zwischen mir und anderen, sondern auch zwischen mir und Gott.

Ich bin weit weg von ihm, wo ich mich diesen Grübeleien hingebe, und – tue ihm weh. Manchmal ist es weniger der Überdruss in Bezug auf das Suchtartige und das Negative, der Menschen dazu bringt, diesen ersten Schritt der Vergebung zu tun, als vielmehr die Sehnsucht, endlich wieder in der Nähe Gottes zu sein, endlich wieder Raum frei zu haben für ihn.

Trotzdem, Vergebung im Sinne der Delegation ist noch etwas ganz anderes, als etwa ein Vergebungsmodell zu erfüllen, wie es manchmal in christlichen Kreisen klischeehaft erwartet wird: nämlich Liebe zum Täter zu empfinden, ihm das Beste zu wünschen und so weiter. Nicht dass ich irgendetwas dagegen hätte, wenn ein Mensch das kann. Aber ich stelle immer wieder fest, wie viel Unglück und Unehrlichkeit gerade auch in Gemeinden entsteht, weil man sich überfordert, weil Gefühle und Bekenntnisse erwartet werden, die in bestimmten Situationen nicht möglich sind. Zum Glück hat auch der oben genannte Bibelabschnitt eine andere Aussage.

Es ist an der Stelle, wo die Delegation der Rache ansetzt, noch nicht die Rede davon, mit dem Täter wieder Kontakt aufzunehmen oder ihn zu mögen. In manchen Fällen ist eine vollständige Versöhnung lebenslang nicht möglich.

Es geht nur darum, endlich damit aufzuhören, in der Fantasie selbst Rache zu nehmen. Und darum, den Kopf wieder frei zu haben für Besseres und für einen Weg mit Gott.

Den Schritt über die Schwelle könnte ein Gebet bilden. Vielleicht wundern Sie sich über ein Gebet in einem

Sachbuch, aber ich möchte es möglichst praktisch für Betroffene machen.

Es könnte in etwa so klingen:

> *„Mein Gott, der Täter hat eine schwere Strafe als Sühne für seine Tat verdient. Dazu stehe ich auch als Christ, weil es in der Bibel steht. Weil ich aber an dich glaube, glaube ich auch, dass die wahre und tiefste Gerechtigkeit bei dir ist. Ich verzichte darum darauf, mich in Worten, Gedanken und Taten zu rächen und dabei zwangsläufig neues Unrecht zu tun. Stattdessen gebe ich die Rache an dich ab, der du sagst, dass sie dein ist. Den Schuldschein, den ich bislang festgehalten habe und der mir schlaflose Nächte, so viele Hassgedanken und Grübeleien eingebracht hat, will ich nicht mehr haben. Ich will ihn ein für alle Mal an dich abgeben."*

Das ist auch Vergebung: Ich *vergebe* den Schuldschein an Gott.

Und immer, wenn die alten negativen Gefühle wiederkommen – das tun sie mit Sicherheit –, kann ich mich darauf berufen, dass ich die Rache abgegeben habe und das gegebenenfalls auch für dieses neue Stück Erinnerung tun, das mir da gerade wieder hochgekommen ist. Im Bild gesprochen: Wenn mir der Schuldschein doch mal wieder zwischen die Finger flattert, lege ich ihn umgehend auf Gottes Schreibtisch zur weiteren Bearbeitung.

Das erstmalige „Rache-Abgeben" markiert einen Wendepunkt. Es kann übrigens hilfreich sein, eine vertraute Person als „Zeugen" und Erinnerungshilfe mit hinzuzuziehen. Es wird in einem Leben anschließend anders weitergehen – und besser – als vorher. Ein Betroffener, dem es gelungen ist, weiß nicht, wie es mit dem Täter weitergeht. Aber er selbst hat eine Feindschaft mit all ihren negativen Konsequenzen hinter sich gelassen. Und das ist viel wert.

Vielleicht – aber nicht zwangsläufig – ist dieses Gebet sogar schon verbunden mit einer Bitte um Vergebung der bisherigen eigenen Rache, die immer wieder in Gedanken ausgeübt wurde. Oft sind auch schon allerhand abfällige und rufschädigende Bemerkungen vor anderen über den Gegner hinzugekommen, wenn sich dazu Gelegenheit bot.

Die Rache abzugeben kann etwas sehr, sehr Entlastendes sein. Ein Mensch ist endlich aus dem Sumpf der immer auch selbstquälerischen Hassgedanken heraus.

Wenn Sie selbst gerade in einer solchen Situation sein sollten, wo Sie Rache abgeben können, dann lassen Sie sich ermutigen, sich nicht länger damit herumzuschlagen, sondern es zu tun.

Sie befinden sich damit übrigens in guter Gesellschaft.

Es gibt einige Psalmen der Bibel, wo die Dichter Gott zur Rache aufrufen (z. B. Psalm 75 oder 94). Sie haben dabei nicht gerade zimperliche Worte für die „Eingebildeten, Unheilstifter und Hochmütigen" übrig, denen ihr Psalm gilt und denen sie ein baldiges und durchgreifendes Gericht Gottes wünschen. Aber eines können sie: die Sache Gott überlassen.

Und das ist auch das Einzige, was ein Betroffener zur Zeit des ersten Rache-Abgebens kann: akzeptieren, dass Gott, an den er glaubt, eine größere Gerechtigkeit hat als er selbst und dass er irgendwann – sagen wir spätestens im Jüngsten Gericht – mit seiner Rechtsprechung einverstanden sein wird. Nur wenn die Delegation aus der

Überzeugung heraus geschieht, die eigene „Rechtssache“ in kompetentere Hände zu legen, kommt es zu der entsprechenden durchgreifenden Entlastung des Opfers. Die Leistung des Opfers ist der Vertrauensschritt.

Entscheidend dafür ist das Gottesbild, das ein Betroffener hat. Das Vertrauen eines tief Verletzten würde nie einem selbstgerechten Übervater gelten können. Vielleicht waren ja in der Realität gerade die Eltern oder der Vater die Täter. Voraussetzung zum Vertrauen ist, das Einzigartige am christlichen Gottesbild erfasst zu haben: dass Gott sich aus Solidarität für seine Geschöpfe selbst zum Opfer machen ließ, um eine Lösung aus dem unentwirrbaren Geflecht der Schuld zu ermöglichen.

Dass letzten Endes bei der Delegation unter Umständen etwas anderes als Rache herauskommt, ist ein Aspekt, der dem Verletzten im Moment der Abgabe wenig nützt. Er braucht sich damit auch nicht zu beschäftigen. Es ist emotional ein zweiter Schritt, Gott auch ein barmherziges Agieren zuzugestehen. Das Entscheidende ist, dass der Betroffene die ganze Sache endlich los ist, wenn er sie Gott hingelegt hat. Hass ist eine sehr feste Kette seelischer Verbindung. Ähnlich fest wie die Liebe. Und ein Opfer kettet sich paradoxerweise selbst an den Täter, den es nie loswird, so lange es hasst.

In der Delegation wird genau diese Kette gekappt.

Vergebung über Delegation ist bei schweren Verletzungen schon in einem frühen Stadium möglich. Das liegt daran, dass der Betroffene nicht selbst den Weg des Verstehens und der Persönlichkeitsveränderung zurückgelegt haben muss, der ansonsten die Voraussetzung dafür ist, um vergeben zu können. Delegation heißt weder, Gottes

Macht gegen den Täter einsetzen zu wollen, noch heißt es, Gott für ihn zu bitten. Es bedeutet weder Fluch noch Segen. Es bedeutet, die Angelegenheit mit allen Rechten und Pflichten an Gott abzugeben. Vielleicht wird einem Betroffenen das auch nie anders möglich sein. Vielleicht beginnt aber in der wieder aufgenommenen Beziehung zu Gott auch ein Weg der Entwicklung und weiteren Reifung, der es möglich macht, dass auch das Verstehen und das Relativieren nach und nach eine größere Bedeutung gewinnen.

Wenn ein Mensch die Rache an Gott abgibt, stellt er seiner größeren Gerechtigkeit anheim, wie er mit dem Gegner umgeht. Er weist ihn aber darauf hin: Mit diesem Menschen muss noch umgegangen werden. Wie Gott letztlich an dem Gegner handelt, ist jetzt nicht mehr das Thema des Opfers.

7. Grafische Zusammenfassung der Wege zur Vergebung

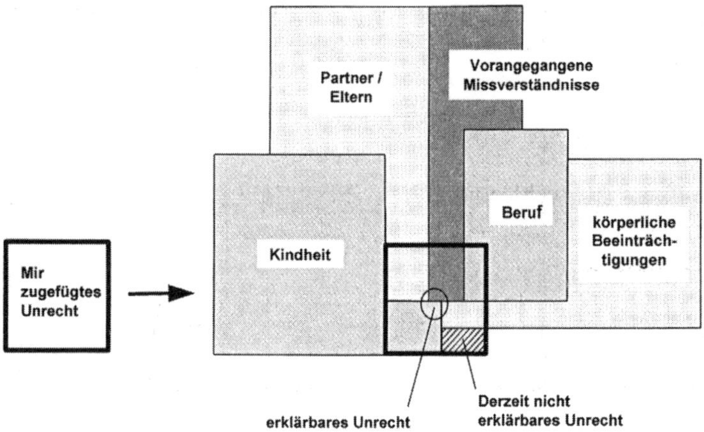

Abb. 2: Verstehen.
Im Voranschreiten des Verstehensprozesses lässt sich immer mehr das mir geschehene Unrecht aus der zunehmenden Kenntnis des anderen heraus verstehen. Damit verliert es den Charakter unmotivierter Bosheit und wird zur vergebbaren Schuld. Ich lerne dabei auch viel über mich selbst.

Abb. 3: Relativierung.
In der Relativierung gelingt es einem Menschen, der von Unrecht betroffen ist, dieses dem Unrecht gegenüberzustellen, das von ihm selbst ausgegangen ist. Auf spiritueller Ebene gewinnt dieser Modus sein volles Gewicht, da dort die gesamte vergebene Lebensschuld als Hintergrund für die Beurteilung fremder Schuld herangezogen werden kann.

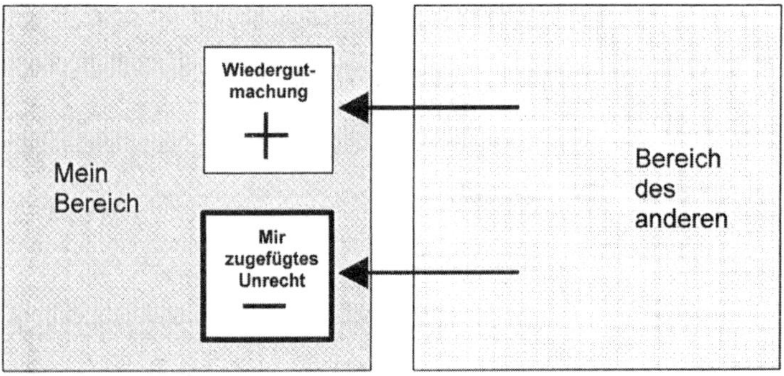

Abb. 4: Wiedergutmachung
Bei der Wiedergutmachung wird der zugefügte Schaden durch eine entsprechende positive Leistung ausgeglichen, die im Idealfall diesem an Bedeutung entspricht.

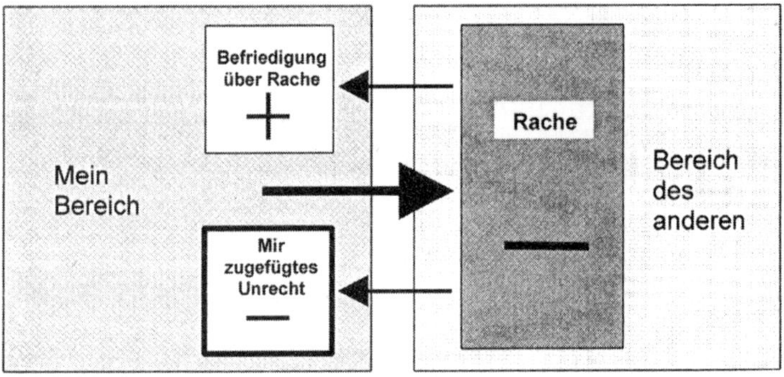

Abb. 5: Rache
Die hinter der Rache stehende Vorstellung ist, so viel Negatives in den Bereich des anderen zu verschieben, dass die Befriedigung darüber das vorher von diesem zugefügte Unrecht ausgleicht. Selbst wenn dieses Prinzip vorübergehend funktioniert, führt es zur Eskalation. Das bisherige Opfer wird zum Täter.

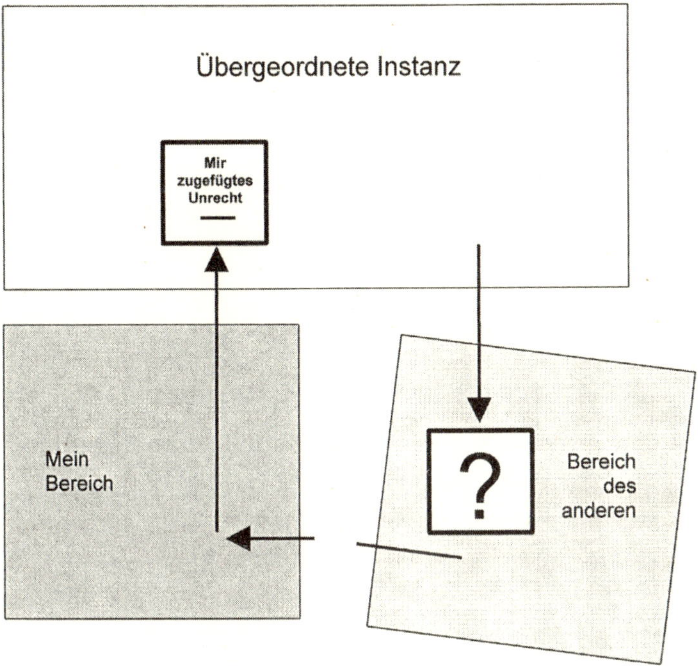

Abb. 6: Delegation
In der Delegation gibt ein Geschädigter die Forderungen, die er an den Verursacher hat, an eine übergeordnete Instanz ab. Dieser überlässt er die Entscheidung über das weitere Vorgehen.

Delegation auf der spirituellen Ebene bedeutet, dass ein Mensch seine Racheansprüche an Gott abgibt. Damit ist er endlich die Verbindung zum Täter los, die in Rachefantasien und Forderungen nach Wiedergutmachung bestand und ihm immer weiter schadete. Voraussetzung ist Vertrauen in die größere Übersicht Gottes.

8. Was Vergebung verhindert

Inzwischen haben wir schon über viele Missverständnisse, Unkenntnisse und Fehlhaltungen gesprochen, die dafür sorgen, dass wirkliche Vergebung nicht zustande kommt. Diese sind mit Sicherheit die häufigsten Verhinderungsgründe. Nur ein Ausschnitt aus den vielfältigen Ursachen sei hier noch einmal aufgeführt:

- *Vergebung kommt anfangs oft dadurch nicht zustande, dass sie noch gar nicht bewusst als Alternative zu den bisherigen, unbewusst motivierten Vorgängen in Erwägung gezogen wurde. Das gekränkte Selbst ist noch in der Sisyphusarbeit der vergeblichen Selbstaufwertungsversuche gefangen.*
- *Aufgrund der gesellschaftlichen Erwartungen in einer Familie oder Gemeinde wurde nach einer Verletzung sehr früh eine formale Vergebung ausgesprochen, was später den Weg zu einer Aussprache und wirklichem Verstehen verbaut.*
- *Jemand meint, im Nachhinein ließe sich sowieso nichts mehr klären, und trägt dann eine vermeintliche Verletzung still für sich durch die Jahre.*
- *Ein gekränkter Mensch denkt, er könne vornehm auf Wiedergutmachung verzichten und schafft es dann nicht, mit der noch verbliebenen Kränkungslast umzugehen.*
- *Jemand meint, die Rache sei der Weg, wie er sich irgendwann inneren Frieden verschaffen kann, was ihm ebenfalls nicht gelingen wird.*

- *Ein Betroffener, der keinen Zugang zum Weg der Delegation auf spiritueller Ebene hat, wird gerade tief greifende Verletzungen über lange Zeit nicht loswerden können.*

Es gibt aber Gründe, die Vergebung unmöglich oder schwierig machen, die nicht in Unkenntnis oder Fehlhaltungen begründet sind, sondern in äußeren Umständen und in der psychischen Entwicklung eines Menschen. Von diesen soll in diesem Kapitel die Rede sein.

8.1. Äußere Hindernisse

Vergebung kann unter zwei äußeren Bedingungen nicht funktionieren: wenn eine verletzende Situation noch andauert oder wenn der Betroffene Angst davor hat, was noch an weiteren Schädigungen auf ihn zukommen könnte. Meist gehört beides zusammen. In der zweiten Bedingung geht es darum, dass der Betroffene von der Möglichkeit ausgehen muss, dass eine verletzende Situation zum ersten oder wiederholten Male eröffnet wird.

Vergebung, genauer: Vergebungsarbeit, ist nur aus einer Situation heraus möglich, wo sich der Geschädigte über das Ausmaß der Schädigung und seine Empfindungen dazu klar werden kann. Solange noch ständig Verletzungen folgen, ist er vollauf damit beschäftigt, sich so gut er kann vor noch größerem Schaden zu schützen. Er kann nicht vergeben, wenn die Kränkung immer noch anwächst. Man kann auf einer Balkenwaage kein Gleichgewicht herstellen, solange auf einer Seite laufend nachgelegt wird.

So ist z. B. Vergebung für eine Mutter kein Thema, die gerade bemerkt, dass ihre Kinder mit schmutzigen Gartenstiefeln auf der Polstergarnitur herumturnen. Zuerst gilt es, diesen Zustand zu beenden und den letzten noch sauberen Sessel zu retten.

Ähnlich gilt es auch für größere Lebenszusammenhänge.

Viele Menschen befinden sich in Situationen, wo sie keine Chance haben, zu einem inneren Frieden durch Vergebung zu kommen. Sie sind ständig dabei, die frischen Scherben ihres Selbstwerts zusammenzukehren. Zur Illustration dazu zwei Beispiele:

Jutta ist Bäuerin. Vor einem Dutzend Jahren hat sie ihren Mann geheiratet, der auf dem Hof seiner Eltern arbeitete. Den sollte er eigentlich bald übernehmen, aber daraus ist bis heute nichts geworden. Sie wohnen zusammen mit den Schwiegereltern in einem Haus ohne abgeschlossene Wohnung. Vor allem die Schwiegermutter war damals nicht damit einverstanden, dass ihr Sohn „diese Städterin" heiratete, und das ist bis heute so geblieben. Obwohl Jutta neben der Versorgung ihrer Kinder ständig auf dem Hof hilft, ist das für die Schwiegermutter nie etwas Richtiges. Im Haus führt sie das Kommando. Gegessen wird bei den Schwiegereltern, damit Jutta mehr auf dem Hof tun kann. Das gemeinsame Essen hält die Schwiegermutter für eine gute Gelegenheit, ihren Anteil an der Erziehung von Juttas Kindern zu leisten, wobei sie nichts neben ihrer Meinung gelten lässt. Führt Jutta ein Telefongespräch, kann die Schwiegermutter mithören und tut das auch gelegentlich. Hinterher kommentiert sie es wie eigentlich alles, was Jutta tut. Juttas Mann sagt am liebsten nichts dazu. „Mutter änderst du nicht mehr", meint er meis-

tens nur. Erst als Jutta sich wegen einer lang hingezogenen Depression in einer psychosomatischen Klinik befindet, beginnt sie zu ahnen, dass ihr Leben nicht zwangsläufig weiter so ablaufen muss.

Bernd arbeitet in der Stadtverwaltung. Er hat, schlicht gesagt, Angst davor, zur Arbeit zu gehen. Seit eineinhalb Jahren ist das so. Eigentlich hat er einen guten Job und ist für genaue und ordentliche Arbeit bekannt. Aber seit diese neue Kollegin in seinem Bereich eingesetzt wurde, kommt er nicht mehr zurecht. Sie ist im Gegensatz zu ihm eine laute, Raum füllende Persönlichkeit, die beste Beziehungen zu einer Vorgesetzten unterhält. Arbeit, die sie nicht mag, lässt sie einfach liegen, und Bernd hat sich keinen anderen Rat gewusst, als sie in seinem Pflichtbewusstsein dann zu erledigen. Er fühlt sich erheblich gestört, wenn sie mal wieder lange und laute Privattelefonate hält, und ärgert sich. Richtig feindlich ist das Verhältnis geworden, als Bernd schließlich versucht hat, Hilfe bei einem Vorgesetzten zu finden. Der hielt sich sehr bedeckt – möglicherweise wegen der guten Beziehungen der Kollegin, denkt Bernd. Die Kollegin hat Bernds Beschwerde aber mitbekommen. Seitdem verteilt sie Spitzen, ist zu überhaupt keiner Absprache mehr bereit und redet oft mit anderen über ihn. Bernd entwickelte eine ernste psychosomatische Krankheit, die ihn vorübergehend aus dem Berufsumfeld löste.

Bei diesen nur ganz leicht verfremdeten Fallgeschichten, die sich so in der Realität ereignet haben, werden Sie möglicherweise denken, dass Ihnen so etwas nie passiert wäre. Warum hat Jutta sich das zwölf Jahre lang gefallen lassen? Warum hat Bernd so hilflos und unflexibel reagiert?

Betrachtern von außen ist klar: Das muss auch innere, psychische Gründe haben.

Unbewusste Ängste und Vorstellungen über sich selbst können einen Menschen fesseln und in bestimmten Situationen wehrlos machen. Es sind fast nie die äußeren Umstände allein. Jutta und Bernd haben es allerdings die ganze Zeit über so erlebt. Stellen Sie sich vor, beide hätten sich mit der Frage der Vergebung befasst. Vielleicht, weil sie gehört hatten, dass Vergebung die Möglichkeit ist, quälende Grübeleien loszuwerden und seine Energie für Besseres freizusetzen.

Sie hätten dann beide wahrscheinlich festgestellt, dass sie unter solchen äußeren Bedingungen wie die, unter denen sie leben müssen, nicht vergeben können.

Niemand von uns kann in seine Überlegungen mit einbeziehen, was noch unbewusst in uns abläuft. Äußere Umstände können wir aber wahrnehmen. Jutta und Bernd konnten feststellen, dass sie deshalb nicht vergeben können, weil die Störung noch anhält und täglich neue Verletzungen dazukommen. Außerdem haben beide Angst. Und wir haben ja schon gesehen, dass es keine Angst ohne Hass gegen den Ängstiger gibt. Bestehende Angst schließt aus, zu einem inneren Gleichgewicht zu kommen. Selbst der Weg der Delegation an Gott ist unter konkreter Angst sehr schwierig und nicht im Sinne eines befreienden Durchbruchs möglich.

Die Frage, die entsteht, ist also: Wenn meine äußeren Lebensbedingungen Vergebung unmöglich machen, wie erreiche ich dann, doch vergeben zu können?

Es gibt nur zwei Möglichkeiten: Entweder ich kann die Bedingungen ändern oder ich muss die Situation verlassen.

Im Beispiel von Jutta fallen denjenigen von uns, die selbst unter anderen Bedingungen leben, wahrscheinlich schnell allerhand Ansatzpunkte ein, wie Jutta ihre Lebensumstände verbessern könnte. Gegen Therapieende hatte Jutta folgende Lösungen für sich gefunden, zu denen sie stehen konnte und über die sie sich auch mit ihrem Ehemann einigte: Es sollte eine richtige Wohnungstür vor den von Jutta und ihrer Familie bewohnten Zimmern eingebaut werden, die Familie sollte ab jetzt in ihrer eigenen Küche kochen und in der eigenen Wohnung essen, und sie wollte auch ihre Mitarbeit auf dem Hof begrenzen, um noch Kontakte nach außen aufbauen zu können.

Vielleicht gehen die Lösungen dem einen oder anderen Leser nicht weit genug, oder es wirkt etwas verwunderlich, dass eine wochenlange Therapie notwendig war, damit am Ende solch ein paar schlichte pragmatische Regelungen herauskamen.

Aber diese Einwände lassen außer Acht, dass Jutta schließlich schon zwölf Jahre lang Gelegenheit gehabt hätte, Regelungen für das Zusammenleben durchzusetzen. Sie hat es aber nicht getan, weil sie es nicht konnte. Aufgrund ihrer eigenen Kindheit hat sie bestimmte Wünsche, Verbote, Gedanken über sich selbst und Leitsätze mit ins Leben genommen, die ihr in ihrem Zusammenwirken nur noch ganz wenig Spielraum für alternative Pläne ließen. Alles musste für Juttas Empfinden so ablaufen, wie es lief, auch wenn sie es zu keinem Zeitpunkt gut fand. Die Arbeit in der Therapie bestand also nicht etwa darin, Jutta ein paar Regelungen vorzuschlagen, sondern darin, mit ihr eine Reise in ihre eigene Vergangenheit zu machen, auf der deutlich werden konnte, welche Zwänge und Gefühle sie schon als Kind bestimmt hatten. Unterordnung war bei ihrer strengen Mutter von klein auf Pflicht, Widerstand wurde gebrochen. Jutta merkte, dass sie als erwachsene Frau auch immer wieder in diesen kindlich-hilflosen Zustand geriet wie damals, wenn ihre Schwiegermutter sie herumkommandierte. Sie war überhaupt nicht in der Lage gewesen, ihre erwachsenen Kompetenzen zu nutzen.

Indem Jutta in der Therapie einen Abstand zu ihrem üblichen Verhalten, ihren üblichen Reaktionen einnehmen konnte, merkte sie auch, welche alten Muster da immer wieder abgelaufen waren. Sie konnte einen gesunden Trotz dagegen entwickeln. Nein, sie hatte keine Lust mehr, immer noch unter denselben Ängsten, Entwertungen und Grenzen zu leiden, die ihr schon als Kind das Leben schwer gemacht hatten. Sie hatte auch keine Lust mehr, ihr ganzes Leben lang weiter so auf Menschen zu reagieren, wie sie es als Kind tatsächlich oft musste. Erst auf dieser Grundlage konnte sie dann auch für die Zukunft etwas grundsätzlich anderes denken und planen, als sie bisher immer getan hatte. Sie wollte endlich Grenzen setzen.

Ähnlich könnte man bei Bernd verschiedene Fragen stellen. Warum hält er es eigentlich für seine Aufgabe, die unliebsamen Arbeiten, die seine Kollegin liegen ließ, mit zu erledigen? Warum sorgte er nicht gleich zu Beginn dafür, dass sie keine (ohnehin verbotenen) privaten Telefongespräche bei der Arbeit führt, wenn ihn das so ablenkt? Warum ist Bernd nicht in der Lage, ihr auch mal über den Mund zu fahren?

Auch hier wurden in der Therapie viele Zusammenhänge mit Bernds Persönlichkeit deutlich. In der Situation aber erlebte Bernd das, was ihm da passierte, als rein äußerlich und unausweichlich. Da wurde ihm diese „unmögliche Kollegin“ einfach aufgedrückt.

An diesen Beispielen möchte ich zeigen, wie stark unsere innere Welt mit dafür zuständig ist, was uns „rein äußerlich“ begegnet. Nicht nur das Erleben, sondern selbst die Situationen an sich, in denen wir uns befinden, sind fast immer unbewusst von uns aufgesucht, auch wenn unser subjektives Gefühl anders ist. Wir „müssen“ doch unsere Ausbildung zu Ende bringen, wir „müssen“ doch unser Haus abbezahlen, wir „müssen“ doch unsere Kinder versorgen. Aber: Wer hat den Berufwunsch gehabt, das Haus gekauft und woher kommen die Kinder?

Es gibt eigentlich für Erwachsene nur einen Spezialfall, wo sich Menschen in einer Situation befinden, in der sie kaum Grenzen setzen können, da sie sehr eingeschränkte Rechte haben, und wo sie sich auch nicht der Situation entziehen können. Das ist die Gefangenschaft. Viele Gefangene haben sich zwar selbst in ihre Lage gebracht, in Unrechtsregimen zu allen Zeiten und auf der ganzen Welt gab und gibt es aber auch zahllose Menschen, die ohne ihr Zutun in diese Situation gerieten.

Wo gefangene Menschen schikaniert werden, gibt es für die Betroffenen kaum einen Ausweg, solange dieser Zustand anhält. Es gibt nur wenige, die innerlich dieser furchtbaren Situation entkommen konnten. Das waren Menschen, die in der Lage waren, ihren Selbstwert fast ganz in den geistig/geistlichen Raum zu verlagern. Vielleicht sagt man besser: denen es geschenkt wurde, denn ich halte es für vermessen, ein lehrbares Prinzip aus dieser eigentlich nicht mehr möglichen Leistung zu machen. Eindrucksvolle Berichte findet man z. B. in den ganz verschiedenen autobiographischen Beschreibungen Corrie ten Booms (ten Boom 1979) und Victor Frankls (1977).

Es gibt allerdings auch noch einen weiteren Fall, in dem Menschen die Möglichkeit zu steuern, nämlich Grenzen zu setzen oder sich aus einer Situation zu begeben, verwehrt ist. Diese betrifft uns alle. Es ist unsere Kindheit.

In den bisherigen Beispielen klang schon an, wie in einer Therapie oft mühsam wieder belebt werden muss, welche Inhalte damals eine beherrschende Rolle spielten, um es einem Erwachsenen zu ermöglichen, noch einmal neu damit umzugehen. In unserer Kindheit waren wir alle ausgeliefert. Am ausgeprägtesten ist das bei Säuglingen der Fall. Eine Mutter bestimmt, wann und wie viel ihr Kind zu trinken bekommt, ob ein Vorhang ums Gitterbettchen kommt oder nicht (für das Kind bedeutet das: ob es etwas sieht oder nicht) und welche Creme auf den Po kommt. Langsam erweitern sich dann im Laufe der Kindheit für einen Menschen die Steuerungsmöglichkeiten. Die Grundtatsache der Abhängigkeit bleibt aber noch sehr lange bestehen. Jeder Mensch muss sich mit den Macken seiner Eltern und den Erfordernissen seines Umfeldes arrangieren. Je nach Begabung geraten dabei ganz verschiedene Überlebenstechniken in den Vordergrund – und werden oft beherrschend für das weitere Leben.

Es würde den Rahmen dieses Kapitels sprengen, an dieser Stelle weiter ins Detail zu gehen. Die Tatsache, die ich deutlich machen möchte, ist, dass sich fast nie äußere und innere Bedingungen trennen lassen, auch wenn es einem konkreten Menschen in einer konkreten Situation eindeutig so vorkommt, als ob das Problem von außen auf ihn einwirkt. Das geht fast jedem von uns so! Eine hilfreiche Frage kann in diesem Zusammenhang sein: Geht es eigentlich jedem in meinem Umfeld so wie mir? Werden alle Schüler gehänselt? Werden alle Mitarbeiter in der Firma gemobbt? Werden alle Partner betrogen? Vielleicht wird dann schon klarer, dass es hier auch eine individuelle Komponente geben muss.

Und deshalb möchte ich stark dazu ermutigen, professionelle Hilfe von außen in Anspruch zu nehmen, wenn eine Lebenssituation schon länger anhält, die Ihnen ausweglos vorkommt und wo Sie ständigen Angriffen und Übergriffen ausgesetzt sind. Ein ausgebildeter Psychotherapeut sieht mehr Aspekte, als Sie in Ihrer Situation wahrnehmen können. Vergeben wird erst möglich, wenn Sie aus dem ständigen Beschuss heraus sind.

Die Erfahrung zeigt, dass Vergeben über die Delegation hinaus, also Relativierung und Verstehen, meist erst dann möglich wird, wenn ein Mensch auch die negativen Folgen der Schädigung überwunden hat. Dabei geht es nicht unbedingt um eine Wiederherstellung des Zustandes vor der Schädigung. Es geht aber um eine mindestens gleichwertige Lebensalternative.

Ein Beipiel: *Wegen einer Scheidung musste das Haus einer Familie verkauft werden. Der Mann nimmt sich erst einmal ein ziemlich schlichtes möbliertes Zimmer und muss sein Gehalt weitgehend für Unterhaltszahlungen verplanen. Die Partnerin lebt währenddessen schon mit den Kindern und dem neuen Freund in dessen nettem Häuschen. Wenn der Exehemann außerdem davon überzeugt ist, dass sie die Schuld an der Scheidung trägt, wird er kaum vergeben können,* *solange er äußerlich benachteiligt ist. Erst wenn er sich selbst wieder in guten Lebensumständen befindet, werden Relativierung und Verstehen vielleicht möglich sein.*

Ebenso wird jemand, der bislang vergeblich versuchte, sich aus der Arbeitslosigkeit heraus zu bewerben, seinen Kollegen kaum vergeben können, die ihn aus der vorigen Stelle herausgemobbt haben.

Auch wenn in diesen Fällen die schädigende Beziehung formal beendet ist, hält die Kränkung insofern noch an, als dem Betroffenen täglich vor Augen geführt wird, wie viel schlechter seine Lebensumstände sind als vorher.

Manchmal geht es allerdings auch nicht um unbewusste und schwer zugängliche Gründe, die Menschen in abträglichen Situationen festhalten, sondern ziemlich schlicht und einfach um Mangel an Wissen und Erfahrung, wie man bestimmte zwischenmenschliche Probleme löst. Diese Komponente spielt auch in den oben genannten Beispielen eine Rolle. Verschiedene Trainingsprogramme wurden dafür inzwischen entwickelt, recht verbreitet ist das „Gruppentraining sozialer Kompetenzen" nach Pfingsten und Hinsch (1991). Darin werden drei soziale Situationstypen unterschieden. Es gibt Situationen, in denen das Verhalten „Rechte durchsetzen" angemessen ist, Situationen, in denen das Verhandeln von Problemen in Beziehungen passend ist, und solche, in denen es darum geht, Sympathien zu gewinnen. Den Teilnehmern wird vermittelt, wie wichtig es ist, zwischen den verschiedenen Situationstypen zu unterscheiden, um kompetent in sozialen Situationen zu handeln.

Meist bestehen die größten Defizite im Bereich „Rechte durchsetzen“ bei Menschen, die in den geschilderten chronisch traumatisierenden Situationen gefangen sind. Hier gilt es zu erlernen, sich zunächst einmal über seine Rechte klar zu werden und dann im Gespräch *schon im ersten Satz klar zu sagen, was man möchte.* Erklärungen und Verstehenshilfen für das Gegenüber können gegebenenfalls noch nachgeschoben werden, aber das ist völlig zweitrangig. In erster Linie geht es darum, zu erlernen, nicht nach alter Gewohnheit und aus alter Angst heraus alles, was man sagen möchte, in so viel „Watte“ zu packen, dass das Gegenüber keine klare Botschaft mehr erhält. Wer lange herumdruckst, bietet geradezu an, dass man ihn abwürgt oder seinen Wunsch nicht erfüllt. Die Gefahr für Menschen mit Schwierigkeiten im Bereich „Rechte durchsetzen“ ist, auch diesen Situationstyp auf der Beziehungsebene oder gar Sympathieebene klären zu wollen, endlos um Verständnis zu ringen oder gar zu versuchen, den anderen für ihren Vorschlag zu begeistern. Sie kommen gar nicht mehr dazu, wirklich zu sagen, was sie wollen, da sich das Gespräch schon im Vorfeld festgefahren hat.

Ob Bernds Kollegin z. B. einsieht, dass sie ihn ablenkt, wenn sie telefoniert, oder ob sie Schuldgefühle dem Amt gegenüber hat, weil sie nicht arbeitet, sondern fremdes Geld für private Zwecke ausgibt, kann ihm egal sein. Es geht darum, dass er ein einklagbares Recht darauf hat, dass sie das Telefonieren sein lässt, und das frühzeitig, sachlich und selbstverständlich einfordert. Er sollte sich in keinerlei Diskussionen verstricken lassen und auch keine schwierige Beziehungsfrage daraus machen.

Jutta wird nach ihrer Rückkehr nach Hause auch nur erfolgreich sein, wenn sie ihre Forderungen eindeutig stellt und keinen Zweifel darüber lässt, dass sie dazu steht. Glaubhaft machen kann sie das nur, wenn sie nicht erst bis zu ihrer Rückkehr damit wartet zu sagen, was sie möchte. Sie wird mit viel größerer Wahrscheinlichkeit Erfolg haben, wenn sie schon vorher angerufen oder geschrieben und sachlich und eindeutig mitgeteilt hat, was sie in Zukunft will. Nur dann entsteht der Eindruck, dass sie sich auch traut, zu ihren Entschlüssen zu stehen. Das Erstaunliche beim „Recht-Durchsetzen“ ist manchmal, auf wie wenig Widerstand ein Mensch trifft, wenn er sich endlich einmal dazu durchgerungen hat, mit seiner ganzen Persönlichkeit hinter einem Wunsch zu stehen. Die Beziehungspartner spüren die Entschlossenheit, auch zu Konsequenzen, und wissen manchmal gleichzeitig schon lange, dass sie selbst zumindest teilweise im Unrecht sind. So machen sie das einzig Vernünftige: Sie geben nach, bevor ihnen wirklich großer Schaden entsteht.

Wer ein Recht durchsetzen möchte, muss auch wissen, was die Konsequenz sein wird, wenn der andere nicht auf die Forderung eingeht. Eltern wissen das aus der Erziehung. Forderungen zu stellen und Konsequenzen anzudrohen verdirbt nur die Stimmung in der Familie und untergräbt das Vertrauen, wenn nicht klar ist, dass das Elternteil die Konsequenz auch wahr machen wird. Im Fall von Bernd könnte das vielleicht das Einschalten des Betriebsrates sein, im Fall von Jutta letztlich die Möglichkeit auszuziehen. Dabei wäre es natürlich sehr erleichternd für sie, wenn sie ihren meist uneindeutigen Ehemann hier in letzter Konsequenz auf ihrer Seite hätte.

Damit sind wir nach dem „Grenzen-Setzen“ auch schon bei der zweiten Möglichkeit, wie man eine chronisch schädigende Situation beenden kann. Man kann sich der Situation entziehen. Das ist manchmal notwendig. In unserem Alltag regeln wir vieles in dieser Weise, ohne groß darüber nachzudenken. Wer (zu viel) Tratsch als kompromittierend und unangenehm empfindet, wird eben ein entsprechendes Kaffeekränzchen nicht mehr besuchen. Ebenso wird, wer das Töten von Tieren nicht mit seinem Gewissen vereinbaren kann, nicht in einen Angelverein gehen. Leider kann sich aber auch ein Berufsumfeld und manchmal ein familiäres Umfeld so entwickeln, dass es, um gesund zu bleiben, keine andere Alternative gibt als zu gehen.

Zum Beispiel kann es so weit sein, wenn ein Vorgesetzter einen Mitarbeiter als Konkurrenz empfindet. Das kommt vor, wenn Chefstellen neu besetzt worden sind. Im Sinne der Firma würde sich jeder Vorgesetzte über innovative und tatkräftige Mitarbeiter freuen. Wenn der neue Chef aber nicht über die nötige Souveränität verfügt, fühlt er sich vielleicht durch die guten Ideen eines Mitarbeiters unter Druck gesetzt und in seiner Autorität gefährdet. Möglicherweise beginnt er, den Mitarbeiter auf versteckte Weise auszubremsen, ihn vom Informationsfluss abzuschneiden usw. Aufgrund der begrenzten Persönlichkeit des Chefs ist kein offenes Gespräch mit ihm darüber möglich. Diesem Mitarbeiter kann man nur raten, sich möglichst schnell etwas anderes zu suchen, solange er in Bewerbungsgesprächen noch von seinen früheren Erfolgen in der Firma zehren kann. Neue wird er nicht mehr haben.

Auch bei einer Ehe gibt es Punkte, wo man nur noch zu einer mindestens vorübergehenden Trennung raten kann. Das ist z. B. der Fall, wenn der Ehemann Alkoholiker ist, eine Therapie strikt ablehnt, dafür aber im betrunkenen Zustand Frau oder Kinder prügelt. Eine Frau sollte diese entwürdigende Situation um ihrer selbst willen schnell beenden, aber auch, um irreparablen Schaden von den Kindern abzuwenden.

Ebenso ist eine Partnerschaft eines der Partner außerhalb der Ehe, die dieser nicht aufgeben will, eine Quelle solch massiver ständiger Entwürdigungen, dass der andere Ehepartner die Situation bald beenden sollte.

Trotzdem leben viele Menschen unter gerade diesen Bedingungen. Hier spielen immer auch unbewusste psychische Gründe eine Rolle, wie sie für das Konzept des Koalkoholismus beschrieben werden (s. Rieth 1981, S. 145 ff.), und insbesondere die abhängige Persönlichkeit. Auch im Beruflichen bleiben manche Menschen in unerträglichen Situationen mit erstaunlicher Hilflosigkeit und Ideenlosigkeit hängen. Auch hier sollte die Frage nach der mangelnden Kreativität und Fähigkeit, Probleme zu lösen, das Thema einer Psychotherapie werden.

8.2. Blockaden in uns

Es war im vorigen Abschnitt dieses Kapitels schon viel von Blockaden in uns die Rede. Allerdings bezog sich das nicht auf die eigentliche Fähigkeit zu vergeben, sondern auf die Fähigkeit, äußere Situationen zu verändern oder zu verlassen, die durch ihren ständigen Zustrom an Kränkungen einen Vergebungsprozess unmöglich machen. Es soll jetzt von den Hindernissen die Rede sein, die das Vergeben an sich betreffen. Hier haben manche Menschen aufgrund ihrer seelischen Entwicklung mit größeren Schwierigkeiten zu kämpfen als andere.

Ähnlich wie die genannten unbewussten Gründe, sich den herrschenden Lebensumständen nicht entziehen zu können, so gibt es auch unbewusste Gründe dafür, nicht vergeben zu können. Das ist immer dann der Fall, wenn bestimmte Motive eines Menschen, über die er sich nicht klar ist, dagegensprechen, dass sich die Situation ändert. Ich erinnere noch einmal an das Beispiel von Karin aus Kapitel 2.

Karin, die mit ihrer eigenen Familie ganz glücklich und in gesicherten Verhältnissen lebte, hatte eigentlich gute Voraussetzungen, um vergeben zu können. Sie stellte die kränkenden Kontakte aber immer wieder selbst her und konnte dann nicht damit umgehen. Wie wir sahen, war ihr unbewusstes Motiv, doch noch die Anerkennung ihrer Mutter zu bekommen.

Um die Fortsetzung der kränkenden Situation beenden zu können, müsste Karin also diesen Wunsch loslassen. Das würde nicht ohne erheblichen Schmerz abgehen. Aber nur so könnte sie das Glück, das sie in ihrem jetzigen Leben hat, wirklich genießen und ihrer Mutter gegenüber eine Form der Vergebung erreichen. Manchmal gelingt so etwas durch günstige Lebensentwicklungen, oft nur durch Therapie. Vergebung, die in lang hingezogenen Beziehungen nicht gelingt, ist oft ein Hinweis darauf, dass mindestens ein Partner, oft beide, aus unbewussten Gründen nicht loslassen wollen, da sie meinen, doch noch einmal ihre (unreifen und riesigen) Ansprüche aneinander einlösen zu können. „Du sollst mich (endlich) glücklich machen" in allen Variationen ist das versteckte Motiv.

Oft sind Eltern-Kind-Beziehungen von diesem Muster geprägt, aber auch viele Ehen, in die beide Partner unbewusst ihre offengebliebenen Kindheitswünsche einbringen.

Vielleicht ist aus den vorigen Kapiteln schon deutlich geworden, wie stark die Fähigkeit zu vergeben auch mit unserem Selbstwertgefühl zu tun hat. Wenn ich selber festen Boden unter den Füßen habe, kann ich mich auch viel eher auf eine Gesprächssituation einlassen, wo mein Partner vielleicht versucht, mir deutlich zu machen, wo ich überall versagt habe. Wenn ich sehr leicht zu verunsichern bin, ist die für den Modus „Verstehen" entscheidende Gesprächssituation für mich stärker angstbesetzt, als wenn ich davon überzeugt bin, im Großen und Ganzen ein liebenswerter Typ zu sein. Mit welchem Gefühl ich da durchs Leben gehe, hängt natürlich sehr stark von dem Erleben meiner frühen Kindheit ab, aber auch davon, was ich später noch zusätzlich an zwischenmenschlichen Erfahrungen eingesammelt habe. Auch die Religiosität bietet die Möglichkeit, dass sich im späteren Leben negative Kindheitserfahrungen noch in einer positiven Gotteserfahrung einschmelzen lassen, in ein Grundgefühl der Geborgenheit.

Der Begründer der Selbstpsychologie, Heinz Kohut, definierte drei grundlegende Bedürfnisse, die für jeden Menschen gelten (Wolf et al. 1989; Milch et al. 1996):

- *das Bedürfnis nach* ***Spiegelung,*** *was – etwas verkürzt gesagt – meint, zu erleben, dass mein Erscheinen bei einem anderen Menschen Freude auslöst,*
- *das Bedürfnis nach* ***Idealisierung:*** *jemanden zu haben,*

von dem man richtig überzeugt ist und der einem Schutz und Halt in schwierigen Lebenslagen geben kann,
- *und das Bedürfnis nach* **Gleichheit.** *Damit ist gemeint, irgendwo auf der Welt richtig dazugehören zu dürfen.*[1]

Wie „kohärent", wie stark und zusammenhängend unser Selbst ist, hängt davon ab, wieweit diese Bedürfnisse befriedigt werden. Das gilt besonders für unsere Kindheit, weil wir da erlernen konnten und mussten, Umgebungen aufzusuchen, die uns guttaten. Es gilt aber auch für jeden Erwachsenen, und zwar sein Leben lang. Wir bleiben ständig auf „Spiegelung", „Idealisierung" und „Gleichheit" angewiesen. Allerdings, und das ist der Unterschied zu den oben erwähnten unbewussten Kindheitswünschen, gilt es immer wieder herauszufinden, wie wir diese Bedürfnisse altersangemessen und im realen Lebensumfeld erfüllt bekommen. Schwere Defizite, die Menschen als Kinder in Bezug auf eines dieser Bedürfnisse hinnehmen mussten, prägen aber oft ihr Leben. Sie fühlen sich dann lebenslang unsicher in einem dieser Bereiche und brauchen entsprechend mehr an Beachtung, Hilfe durch andere oder Kameradschaft.

Wie sicher ich meiner selbst bin (genauer: Wie sicher ich meines Selbst bin), hat in der Relativierung eine große Bedeutung dafür, wie großzügig ich im Loslassen sein

---

[1] Später fügte Wolf (1988) noch zwei weitere Bedürfnisse an:
- das Bedürfnis nach Adversativität (einen Widerstand beim Partner zu spüren und sich damit behaupten zu lernen) und
- das Bedürfnis nach Effektanz (zu erleben, dass man irgendetwas ausrichtet in seiner Umgebung).

kann und wie mutig ich darin bin, meine eigene Schuld als Vergleichshintergrund heranzuziehen. Ebenso wird im Verstehen ein Gesprächsprozess wesentlich konstruktiver verlaufen, wenn nicht übertriebene einseitige Selbstbedürfnisse dabei gestillt werden müssen.

Auf andere Menschen bezogen hat es deshalb keinen Sinn, meinen Maßstab einfach zu übertragen, wenn ich mit jemand anderem, den ich vielleicht betreue, einen „kleinen" Vergebungsschritt gehen möchte. Vielleicht ist es für ihn ein ausgesprochen großer Schritt.

Besondere Schwierigkeiten gibt es für solche Menschen, wo das Selbstbewusstsein nicht nur schwächer ausgeprägt ist als bei anderen, sondern deren Krankheit gerade in einer brüchigen Ich-Struktur besteht. Ich meine Personen mit Borderline-Störungen bzw. frühen strukturellen Ich-Störungen. An dieser Stelle soll kurz auf diese besondere Problematik eingegangen werden, da sie nicht selten vorkommt. Je nach Untersuchung leiden 0,2 bis 1,3 % der Bevölkerung am Vollbild einer Borderline-Persönlichkeitsstörung (= emotional instabile Störung vom Borderline-Typus), und ungleich mehr haben Anteile dieser Störung, wenn sie auch nicht allen Kriterien der Diagnosemanuale (ICD 10 und DSM IV) entsprechen. Etwa drei Viertel der Betroffenen sind Frauen. Wie man heute weiß, spielt in der Entstehung zwar auch eine genetische Prädisposition eine Rolle, etwa die Hälfte der Betroffenen aber war massiver körperlicher Gewalt, ebenfalls die Hälfte (große Überschneidungen beider Gruppen) sexuellem Missbrauch und die weitaus meisten emotionaler Vernachlässigung in der Kindheit ausgesetzt. Ein Kind entwickelt in solchen Extrembedingungen unter bestimmten Voraussetzungen den Mechanismus der Spaltung, um mit seinem Schicksal emotional fertig zu werden. Die Spaltung ist eine psychische Leistung, die das Überleben sichert, aber gleichzeitig das weitere Leben der Betroffenen prägt. Gemeint ist damit, dass das Kind in den Situationen, in denen seine Bezugsperson sich ihm zuwendet, nur die „gute Bezugsperson" (das „gute Objekt") erlebt und von allen Misshandlungen nichts mehr weiß, und in den Situationen, wo es misshandelt wird, nur die „böse Bezugsperson" („böses Objekt") erlebt. In Wirklichkeit geht es natürlich jedes Mal um dieselbe Mutter oder denselben Vater, aber das Kind spaltet je nach Situation die guten oder bösen Anteile vollständig ab. Dadurch gelingt es ihm, wenigstens über gewisse Zeiten das Gefühl zu erhalten, gute Eltern zu haben, geborgen zu sein und versorgt zu werden. Der Preis, den es dafür bezahlt, ist eine brüchige Ich-Struktur, in der es keine vollständigen inneren Bilder der Bezugspersonen gibt.

Wer betroffen ist, neigt auch als Erwachsener dazu, Mitmenschen entweder als nur gut wahrzunehmen und zu idealisieren oder sie als nur schlecht wahrzunehmen und zu verteufeln. Besonders kompliziert wird es dadurch, dass das manchmal – wie früher gegenüber den Eltern – unglaublich schnell wechseln kann: Jemand, der sich vielleicht gerade daran gewöhnt hatte, von seiner Arbeitskollegin bewundert zu werden (ohne sich das recht erklären zu können), stellt auf einmal fest, dass sie ihn abgrundtief verachtet, ihm fast jede Schlechtigkeit zutraut und daraus auch anderen gegenüber kein Geheimnis macht. Das führt natürlich schnell zu schweren Spannungen am Arbeitsplatz, die nicht selten zur Ausgrenzung der von der Borderline-Störung Betroffenen führen. Genauso ist es aber auch möglich, dass sich jemand aufgrund seines Spaltens zurückgesetzt und unmöglich behandelt fühlt, dem in Wirklichkeit eigentlich nichts oder wenig passiert ist. Ein gut verständliches Buch zu dieser Thematik (auch für Nicht-Fachleute) haben Kreisman und Straus (1992) geschrieben.

Die Wege der Vergebung sind hier nur eingeschränkt anwendbar. Das Verstehen wird oft scheitern müssen, da die Empfindungen so stark schwanken können. Und eine Relativierung ist nicht möglich, wenn ein Betroffener das Gefühl hat, in einem Menschen der als abgrundtief wahrgenommenen Bosheit seines Kindheiterlebens wieder zu begegnen. Für Borderliner ist das Böse übermächtig, ohne Ende und entzieht sich damit jeder Relativierung. Entsprechend groß ist auch die Angst und der Hass gegenüber demjenigen, der mit diesem Bösen identifiziert wird (s. Heigl-Evers u. a. 1994, S. 25 f.). Als Möglichkeit der Vergebung ist nur die Delegation denkbar, und zwar auch dann, wenn ein Mensch Bezugspartner nur in Teilen ihrer Struktur und verzerrt wahrnehmen kann. Allerdings wird auch diese nicht zu einem stabilen Ergebnis führen.

Normalerweise kann hier nur in einer langwierigen, aufwändigen Therapie geholfen werden, bei der das Ziel ist, den Abwehrmechanismus der Spaltung überflüssig zu machen. Es geht darum, dass ausreichend lange und deutlich mindestens eine gute Bezugsperson konstant zur Verfügung steht, was dann allmählich ermöglicht, deren gute und böse, sympathische und unsympathische Anteile gleichermaßen und gleichzeitig zu erleben. Das Ich kann hier nur über ein Du heilen, das zuverlässig da ist. Es ist ein langer Weg, der in der Therapie vor Betroffenen liegt, mit vielen Härten und Schwierigkeiten, aber auch vielen erfreulichen Entdeckungen und der großen Chance, ein „ganzes“ Leben zu gewinnen.

Allerdings sollte nicht vergessen werden: Bei dem Thema Vergebung geht es immer um subjektives Erleben, also nicht um objektive Sachverhalte. Deshalb sind auch Menschen mit den oben genannten psychischen Störungen nicht so sehr im Nachteil, wie es vielleicht auf den ersten Blick den Anschein hat. Jeder Mensch hat seine schwächste Stelle. An diesem Punkt, wo wir am wenigsten souverän sind, wo wir am kränkbarsten sind, können wir auch am härtesten erwischt werden. Die verschiedenen Typologien, die im Laufe der Zeit entwickelt wurden, um die verschiedenen Persönlichkeiten und Charaktere zu umreißen, sollen hier nicht aufgeführt werden. Stattdessen möchte ich eine nette Erzählung von Selma Lagerlöf erwähnen: „Die sieben Todsünden“ (Lagerlöf 1975). Darin prüft ein Pfarrer seine Schäfchen, indem er ihnen eine Geschichte erzählt, in denen lauter edle Taten vollbracht werden. Er fragt dann harmlos, welche von diesen Taten der Zuhörer denn am meisten bewundere. Und er schließt dann messerscharf, dass in der Antwort gleichzeitig die schwächste Stelle des Betreffenden liegt.

Oft gelingt es Menschen im Laufe ihres Lebens, auch Kränkungen noch anders wahrzunehmen, als sie es zuerst getan haben. Die Sicht wandelt sich, weil innere Prozesse abgelaufen sind, viele Erfahrungen mit sich selbst und anderen hinzugekommen sind und vielleicht sich auch die eigene Persönlichkeit noch weiterentwickelt hat. Wenn ein Leben gelingt, heilen noch manche Bruchstellen in der Selbst-Struktur aus.

Von daher kann es passieren, dass die Wege der Vergebung sozusagen rückwärts durchlaufen werden. Was zuerst gar nicht zu regeln war, wird zuerst der Delegation zugänglich. Später lässt sich dann immer mehr der uns angetanen Schuld relativieren und schließlich vielleicht sogar verstehen. Das Verstehen wird nach einem so langen Prozess allerdings meist nicht mehr auf der Ebene des Gesprächs erlangt, sondern eher aufgrund von Wissen über die Lebensgeschichte des anderen, der aus der großen zeitlichen Entfernung seine Bedrohlichkeit verloren hat. Es gibt aber auch Fälle, insbesondere wo die Kränkung den eigenen Eltern gegenüber bestand, wo tatsächlich nach Jahrzehnten noch eine heilsame Aussprache zustande kam, die zum Verstehen führte.

9. Das Leben wieder in Balance bringen

9.1. Das neue Gleichgewicht

Inzwischen war schon viel die Rede von der Erleichterung, die Vergebung bedeutet. Wenn es einem Menschen endlich möglich wird, „nachtragende Affekte" wie Bitterkeit, Groll und Hader loszulassen, um sich mit aller Energie wieder konstruktiv seinem jetzigen Leben und seinen jetzigen Beziehungen zuzuwenden, geht es ihm besser.

Nicht wirklich geklärt haben wir bisher aber die Frage, was denn nun mit dem Schaden geschieht, der in der Kränkung zugefügt wurde. Er ist ja noch da! Fast immer ist die Schädigung noch vorhanden, die durch die Verletzung entstanden ist. Ob das nun eine verlorene Arbeitsstelle ist, ob es zerbrochene Beziehungen sind, ob es innere Hemmungen sind, die bei einer chronischen Misshandlung im Kindesalter entstanden sind, oder schlicht ein fehlender Geldbetrag.

Um es in der Terminologie von Kapitel 2 auszudrücken: Es gibt noch diesen Einschnitt im narzisstischen System. Mein Selbstwertgefühl trägt noch seine Wunde dort, wo der Täter durch seine Kränkung einen Bereich herausgerissen hat.

An diesem Mangel ändert sich nur in den seltenen Fällen etwas, wo man eine echte Wiedergutmachung erreichen konnte. Es ändert aber nichts an dem eigentlichen Defizit, wenn man vielleicht in der Delegation darauf verzichtet hat, selbst die Rechtssache in die Hand zu nehmen, wenn man einiges verstanden hat oder wenn man die Schädigung bis zu einem gewissen Grade hat relativieren können. Oder doch? Nein – an dem Mangel selbst ändert sich nichts, wie die Beispiele oben leicht belegen. Die Arbeitsstelle z. B. ist und bleibt verloren.

Was wird dann eigentlich anders durch die Vergebung? Die Erfahrung zeigt sogar, dass es nicht nur anders, sondern sehr viel besser wird für Menschen, die diesen Weg beschreiten.

Wenn diese Änderung aber normalerweise nicht im Äußeren stattfindet, muss es sich um eine innere Änderung handeln. Einem Menschen, der über Vergebung zu innerer Ausgeglichenheit gelangt, ist es offensichtlich gelungen, sich mit dem Einschnitt in sein Selbstwertsystem zu arrangieren. Das kann er nur dadurch erreicht haben, dass er den neuen Grenzverlauf im betroffenen Gebiet akzeptiert hat. Es gibt Dinge und Bereiche, die er jetzt nicht mehr als zu sich gehörig erlebt wie früher. Er hat sich damit abgefunden, den Zugriff verloren zu haben.

Dabei handelt es sich nicht um die Dinge an sich, sondern um das Erleben eines Menschen: welche Fähigkeiten, Begabungen, welche Geltung und Anerkennung, welche Beziehungsrealität er als unbedingt zu sich gehörig empfunden oder fantasiert hat. Anstatt sich weiter an dieser durch die Kränkung neu gesetzten Grenze seiner Möglichkeiten wund zu reiben, akzeptiert er die Situation und kommt dadurch in die Lage, sich andere, aussichtsreichere Betätigungsfelder zu suchen. Was er akzeptiert, ist aber nicht, dass ihm irgendetwas fehlt, sondern dass er mit seinen Möglichkeiten jetzt so ist, wie er ist. Er akzeptiert ein neues Selbstbild.

Definition: *Vergebung bedeutet: Ich leite einen neuen Gleichgewichtszustand ein, indem ich ein verändertes Selbstbild akzeptiere, das mit meiner jetzigen Situation übereinstimmt.*

Die Wege der Vergebung leiten hin zu diesem neuen Gleichgewichtszustand, erreicht ist er aber erst, wenn ein Betroffener innerlich bereit ist, mit dem Zustand nach der Schädigung weiterzuleben. Er muss seine jetzige, verkleinerte Ausgangsbasis akzeptieren. Solange noch alles in ihm gegen das Unrecht der erfahrenen Einschnitte und Beschränkungen rebelliert, wird und kann er nicht zur Ruhe kommen. Zufriedenheit stellt sich erst dann ein, wenn ein Mensch Erfolge und Freuden seines Lebens an den Möglichkeiten misst, die ihm jetzt zur Verfügung stehen, und nicht an denen, die er vielleicht einmal hatte oder zu haben meinte. Es ist meist nicht leicht, die Narben des eigenen Lebens als zu mir gehörig zu akzeptieren, und nicht mehr als Fremdkörper abzulehnen. Aber wenn es gelungen ist, erschließen sich dadurch oft unerwartete neue Möglichkeiten, die sich aus der Einmaligkeit meines Gewordenseins ergeben.

Bis zu diesem neuen Zustand ist es aber oft ein weiter Weg.

Es gibt sowohl Dinge, die ein Mensch tun kann, um darauf voranzukommen, als auch einen begleitenden inneren Prozess, der sich letztlich unserem Zugriff und unserer Zeitplanung entzieht.

Zu den Dingen, die wir aktiv tun können, um (wieder) in ein inneres Gleichgewicht zu kommen, wurde schon vieles gesagt. Hier sollen noch einmal die wichtigsten Punkte in Ich-Form sozusagen als Regeln zusammengefasst werden.

Im nächsten Unterkapitel geht es anschließend um den inneren Prozess der Vergebung und die Zeit, die dieser braucht.

Schritte zur Vergebung:

- Ich gestehe mir die negativen Gefühle ein, die durch eine Kränkung entstanden sind, lasse sie zu und benenne sie. Ich mache mir die Mühe, über ihre Herkunft genauer nachzudenken: Wodurch und in welcher Situation sind sie entstanden? An welcher Stelle fühlte ich mich wodurch genau gekränkt? Kenne ich ähnliche Situationen schon?

- Ich schaffe die Voraussetzung dafür, dass ein Prozess der Vergebung in Gang kommen kann, indem ich die schädigende Situation beende, begrenze oder verlasse.

- Durch Inanspruchnahme von Wiedergutmachung, soweit möglich, verkleinere ich die zu vergebende Schädigung und verkürze den Vergebungsweg. Dazu verschaffe ich mir über meine Rechte Klarheit und vertrete diese mutig.

- Wenn ich so schwer verletzt bin, dass ich die Wege der Relativierung und des Verstehens zurzeit nicht beschreiten kann, denke ich trotzdem darüber nach, ob ich den jetzigen Zustand der Rache- und Hassgedanken weiter fortführen möchte. Wenn ich zu der Überzeugung gelangen sollte, dass dieser Weg mir mehr schadet als nützt, gebe ich die Rache an Gott ab.

- Wenn mir gefühlsmäßig ein Gespräch mit dem Schädiger möglich ist, führe ich dieses auch. Darin stelle ich meine Sicht der Dinge so klar wie möglich dar, um gemeinsam mit ihm zu verstehen, wie es zu dem Konflikt und dem von mir erlebten Übergriff kommen konnte.

- Wenn ich den Weg des Verstehens beschreite, stelle ich mich darauf ein, auch eigene Anteile an der Konfliktsituation zu entdecken.

- Soweit ich es emotional kann, lasse ich auch die Frage nach meiner eigenen Schuld in dieser und anderen Situationen zu. Möglicherweise kann ich dadurch manches von der Schuld des anderen relativieren. Insbesondere denke ich an die Vergebung, die ich selbst in bestimmten Situationen und vielleicht sogar für meine gesamte Lebensschuld in Anspruch genommen habe.

9.2. Vergebung als Reifungsprozess

Die Liste der „Schritte zur Vergebung" habe ich als kurze Wiederholung dessen, was bisher über eigene Möglichkeiten von Betroffenen gesagt wurde, zusammengestellt. Sie ist vielleicht übersichtlich – aber trotzdem ist sie kein Rezept. Für viele Betroffene sind, auch nach schweren Verletzungen, immerhin die ersten drei bis vier Schritte per Willensentschluss gangbar und bringen entsprechend Erleichterung. Es gibt aber Situationen, wo es Menschen noch nicht einmal möglich ist, den ersten der Schritte zu gehen. Je weiter man in den „Schritten" vordringt, desto wichtiger ist es, dass bestimmte Bedingungen erfüllt sind. Es muss einem Menschen erst einmal gefühlsmäßig möglich sein, das zu tun, was vielleicht objektiv der richtige nächste Schritt ist.

Vieles am Vergebungsprozess bleibt unserem bewussten Zugriff entzogen. Wir können nicht bestimmen, zu welchem Zeitpunkt wir in der Lage sind, einen bestimmten Weg der Vergebung einzuschlagen. Bei sehr schweren Verletzungen wissen wir noch nicht einmal, ob wir im Laufe unseres Lebens überhaupt einmal mit dieser Traumatisierung abschließen können oder ob immer wieder noch Bruchstücke der Verletzung ins Bewusstsein dringen werden.

Vergebung ist ein innerer Reifungsprozess, der seine ihm eigene Zeit braucht und nicht beliebig beschleunigt werden kann. Es geht nicht nur um den Umgang mit einer Schädigung, sondern auch um ein Stück Lernen über uns selbst, über den Umgang mit uns selbst, mit anderen und mit dem Leben. In den Bildungsromanen früherer

Zeiten wurde so etwas als „Herzensbildung" beschrieben. Gute Beispiele sind „Wilhelm Meisters Lehrjahre" (Goethe 1795) und, moderner, „Das Glasperlenspiel" (Hesse 1972).

Für das Prozesshafte einer solchen Entwicklung wurde ein Modell mit weitreichender Gültigkeit in der Sterbeforschung gefunden.

Elisabeth Kübler-Ross beschreibt in ihrem bekannten Buch „Interviews mit Sterbenden" (Kübler-Ross 1971), was die Diagnosestellung einer vermutlich unheilbaren Krebserkrankung in Menschen auslöst. Ihre Erkenntnisse sind für uns deshalb bedeutsam, weil die Tatsache des Sterbenmüssens, wenn sie sich nicht mehr verdrängen lässt, die stärkste denkbare Kränkung für einen Menschen darstellt. Er muss nicht nur einen Teilbereich, sondern buchstäblich alles aufgeben, was er in den Bereichen Besitz, Ehre und Lust besitzt. In dem Prozess, den sie in diesem Buch beschreibt, zeigt sie aber an diesem Extrembeispiel auf, wie es Menschen dennoch gelingt, mit dieser narzisstischen Kränkung fertig zu werden. Dabei stößt sie – vielleicht erstaunlicherweise – auf einen typischen Ablauf, der sich bei fast allen Patienten beobachten lässt. Es lassen sich fünf voneinander abgrenzbare Phasen nachweisen.

Dieses Modell hat sich für das Verständnis der Trauerarbeit inzwischen weithin durchgesetzt. Es lässt sich ebenfalls gut auf unsere Thematik übertragen, wie wir gleich sehen werden. Zunächst sollte ich aber noch mit einigen Sätzen erklären, warum das so ist.

Exkurs: Was haben Trauer und Vergebung miteinander zu tun?

Der Prozess der Trauer und derjenige der Vergebung sind eng miteinander verwandt. In der Trauerarbeit steht allerdings der Verlust an sich im Vordergrund. Oft gibt es niemanden, den man eindeutig dafür verantwortlich machen könnte. Etwas verkürzt gesagt, ist der zentrale Mechanismus der Trauer, dass die Enttäuschungswut, die kein äußeres Ziel findet, sich gegen den Betroffenen selbst richtet und ihn „niederschlägt“ (s. z. B. Grabe 2003).

In einem Vergebungsprozess steht dagegen die Auseinandersetzung mit einem konkreten Täter – oder mehreren – im Vordergrund, der den Verlust herbeigeführt hat. Die Aggression findet hier sehr wohl ein äußeres Ziel!

Insofern geht es in der Trauerarbeit um eine andere Aufgabe als in der Vergebung. Ziel der Trauer ist es, das geliebte Objekt, die geliebte verlorene Bezugsperson loslassen zu können. Im Vergebungsprozess geht es vorrangig darum, den Täter loszulassen samt all dem, was er eigentlich noch wiedergutzumachen hat. Beide Male ist allerdings für Betroffene entscheidend, dass sie damit aufhören, sich an ihre bisherigen Vorstellungen darüber zu klammern, was unbedingt zum Leben dazugehören müsste. In der Realität ist es bereits unrettbar verloren, und jetzt gilt es, dieser Realität in einem inneren Prozess zu folgen. Es geht in jedem Fall um einen Prozess des Loslassens.

Vergebungsarbeit enthält allerdings fast immer zugleich Trauerarbeit im eigentlichen Sinne: Auch das Verlorene an sich muss losgelassen werden. Ebenso hat ein Trauerprozess sehr oft eine Vergebungskomponente. Das ist immer dann der Fall, wenn ein zumindest Teilschuldiger vorhanden ist, aber manchmal auch dann, wenn es um ein reines „Unglück" ging. „Mit seinem Schicksal hadern" oder „sich mit seinem Schicksal aussöhnen" sind Redewendungen, die ausdrücken, was viele Betroffene erleben. Gläubige Menschen beschreiben verschiedene Erlebnisweisen in Trauersituationen. Manche empfinden sich in solchen Zeiten besonders von Gott getragen, für andere kann es eine ernste Erschütterung ihrer Gottesbeziehung bedeuten, die einen regelrechten Aussöhnungsprozess erforderlich macht.

Im Folgenden möchte ich nun die fünf Phasen des genannten Modells vorstellen und dabei zeigen, wie sie mit den „Schritten zur Vergebung" korrespondieren.

Als *erste Phase* beschreibt Kübler-Ross das **Nichtwahrhabenwollen.**

Ein Mensch, der mit einer schlimmen Diagnose konfrontiert wird, kann es zuerst oft nicht glauben.

Es ist ein sicher sinnvoller Mechanismus, dass wir Informationen, die auf uns einstürmen, zuerst einer Realitätskontrolle unterziehen, bevor wir darauf reagieren. Das heißt, wir vergleichen die Information mit dem, was normalerweise in unserem Lebensumfeld üblich ist. Schon oft haben wir in unserem Leben unserer Psyche und unserem Körper maximale Erregung und entsprechenden Verschleiß erspart, indem wir erst mal davon ausgehen, dass sich für Unwahrscheinliches harmlose Erklärungen finden. Wenn ein Schlüssel fehlt, ist es sinnvoll, erst einmal davon auszugehen, dass ich ihn mal wieder verlegt habe, als davon, dass er gestohlen wurde. Oder wenn es im Nebenzimmer knallt, ist es wahrscheinlicher, dass dort der Luftzug die Tür zugeschlagen hat, als dass sich dort

Einbrecher befinden. Wenn dann allerdings doch einmal die seltene, weit unangenehmere Alternative eingetreten sein sollte, tun wir gut daran, das nicht allzu lange zu ignorieren.

Im Bereich der Kränkung möchten viele es auch zuerst nicht wahrhaben, dass sie „wegen dieser Kleinigkeit" oder „dieser alten Kamelle" ernsthaft betroffen sind wie in Kapitel 2 die Ersatz-Referentin über Stadtgeschichte oder auch Andreas W. zuerst nach der Aussprache gemeinsam mit dem Chef. Es gibt leider viele Menschen, die verdrängte und verleugnete Kränkungen durch ihr Leben schieben, viele Begegnungen und Situationen unbewusst vermeiden müssen, da sie dort wieder in die Nähe des peinlichen Erlebens kommen und ihre Handlungsmöglichkeiten dadurch fesseln. Der Vorteil ist natürlich, sich nicht über die volle Peinlichkeit oder die ganze Schwäche, die sie in der Kränkung erlebt haben, klar werden zu müssen. Aber über die Dauer der Jahre gerechnet, müssen sie für diesen Gewinn um ein Vielfaches höhere „Zinsen" in Form von verbauten Lebensmöglichkeiten zahlen. Ein heilsamer Vergebungsprozess kann erst dann in Bewegung kommen, wenn man sich die Kränkung (und damit die eigene Verletzlichkeit) in ihrer ganzen Schwere eingesteht.

Die ***zweite Phase*** ist der **Zorn.**

Der Zorn ist das Aufbegehren gegen das, was einem Menschen widerfahren ist. Der Zorn ist eine sehr urtümliche, körpernahe Emotion, die Kraft und Geschwindigkeit zur „Revierverteidigung" zur Verfügung stellt. Fast reflexhaft ist erst einmal der Rachegedanke da. Der Feind soll bestraft und möglichst beseitigt werden.

Unreife Menschen, z. B. Jungen im Grundschulalter,

werden unter Alterskameraden den Zorn oft ungefiltert ausleben. Entweder sie gewinnen oder sie holen sich eine blutige Nase oder eine Kombination aus beidem. Bei Erwachsenen wäre das Ausleben im wahrsten Sinne des Wortes mörderisch und ist es da auch, wo aufgrund eskalierter Gruppenprozesse Gesellschaften auf solch (entwicklungspsychologisch gesehen) unreifem Niveau agieren. Sigmund Freud beschreibt das 1932 sehr plastisch in einem Brief an Albert Einstein zum Thema: Warum Krieg? (Freud 1932). Beispiele aus der jüngeren Geschichte sind Exjugoslawien und Afghanistan, der Nahe Osten bewegt sich noch immer in diesem Feld.

Wo die Umgebungsrealität und die innere Kontrolle das Ausleben aber – glücklicherweise – verwehren, besteht die Gefahr, dass sich der Revierverteidigungsimpuls in einer quälenden Endlosschleife aus Selbstaufwertung und Abwertung des Gegners fängt. Weil das Opfer selbst merkt, dass diese Gedanken nicht wirklich weiterführen und auch nicht die ganze Realität abbilden, ist die Befriedigung jeweils nur sehr flüchtig. Trotzdem kann dieser Zustand lange dauern und auch chronifizieren. Er führt dann in die Verbitterung.

Die Delegation ist ein Ausweg an dieser Stelle. Schon in dieser zweiten Phase kann ein Betroffener also das Bestimmende und Deformierende des Kränkungserlebens loswerden. Er bleibt allerdings darauf angewiesen, diesen Punkt immer wieder einmal bewusst abgeben zu können. Das geht auch, allerdings ist hier noch keine Ebene erreicht, wo man davon sprechen könnte, beständigen inneren Frieden erreicht zu haben. Den können aufkommende Erinnerungen immer wieder vorübergehend gründlich stören.

Die ***dritte Phase*** ist das **Verhandeln.**

Bei Krebspatienten bedeutet das, nachdem im vorigen Stadium aggressiv Maximaleinsatz von Ärzten und Kassen eingefordert wurde, dass jetzt die Realität überhand gewinnt und der Betroffene versucht, unter den gegebenen Umständen die noch chancenreichste Möglichkeit herauszuholen.

In Bezug auf die Vergebung gehören die Wiedergutmachung und das Verstehen in dieses Stadium. In der Wiedergutmachung versucht ein Betroffener, im Rahmen der Realität den Schaden so klein wie möglich zu halten. Das Verstehen bildet besonders in Beziehungen deutlich das Stadium nach der ersten Wut, wo beide Partner miteinander verhandeln, was ihnen da geschehen ist. Zu Anfang ist vielleicht noch die Hoffnung im Vordergrund, der Partner möge seinen Fehler einsehen und wiedergutmachen, in den meisten Fällen wird im Gespräch aber immer deutlicher, dass derjenige, der sich zu Anfang als Opfer sah, vieles nicht wahrgenommen hatte, zu wenig wusste über die Gefühle des anderen und wahrscheinlich beide Opferanteile in diesem Konflikt haben. Die ursprüngliche Haltung des Verletzten lässt sich nicht länger in ihrer Absolutheit durchhalten, und damit gerät auch sein Selbstbild in der Beziehung ins Wanken. Dieser Punkt des Verstehens leitet dann über zur vierten Phase.

Die ***vierte Phase:*** die **Depression**

Die Phase der Depression bedeutet Abschied zu nehmen von Dingen, um die ich vorher noch gekämpft und verhandelt habe. Im speziellen Bereich der Krebserkrankung ist es die Aussicht auf dauerhafte Heilung, um die vorher gestritten und gegrübelt wurde. Im Bereich der Kränkung allgemein geht es um den Abschied von der bisherigen narzisstischen Selbstausdehnung. Der Betroffene muss einsehen, dass ihm bestimmte Bereiche in Zukunft nicht mehr gleichermaßen zur Verfügung stehen wie vorher, diejenigen nämlich, wo er die Kränkung erfahren hat. Auch wenn es vielleicht mehr ein Fantasiegarten war als ein realer Bereich, in dem er sich bisher gerne mal erging, so ist das nun vorbei. Das Tor ist zu, und er muss das einsehen: Mit diesem Projekt habe ich keinen Erfolg gehabt, von meiner Mutter bekomme ich nie mehr die beglückende Anerkennung, die ich immer erträumt habe, ich bin vielleicht wirklich kein besonders guter Redner, ich bin ungeschickt mit meinem Geld umgegangen, mein Partner/meine Partnerin findet jemand anders liebenswerter als mich, die Stelle ist weg.

Die Schuld daran mag ganz überwiegend auf der Seite des Täters liegen, und das Recht auf der eigenen, trotzdem fehlt etwas, und damit muss man sich arrangieren.

Die Relativierung gehört zum Teil in die Phase des Verhandelns, da nämlich, wo einem Menschen in Gesprächen der eigene Schuldanteil bewusst wird. Überwiegend gehört sie aber in die „Depression“, erlebt man doch in der Relativierung den Zusammenbruch seiner Selbstgerechtigkeit. Wenn es sich um ein wichtiges Thema handelt, kann das ganz schön erschüttern.

In der Phase der Depression richtet sich die Aggression, die bisher nach außen gewendet wurde, gegen den Betroffenen selbst. In einem klassischen Trauerprozess tritt das oft recht bald ein, wenn es nämlich keinen klaren äußeren Verursacher der Misere gibt. In einem Vergebungsprozess hält sich die Wut viel länger am identifizierten Täter fest.

Trotzdem gibt es auch hier das Stadium der Depression, wo Betroffene sich damit auseinandersetzen müssen, dass ihnen ein bestimmter Bereich genommen wurde und sie ihn nicht haben verteidigen können. „Ich bin halt ein Versager", „nur mir passiert immer so was", „was denken jetzt die Leute über mich" sind typische Gedanken (Selbstattributionen) in dieser Phase. Das Selbstwertgefühl ist ins Wanken gekommen, und Menschen sind unzufrieden mit sich selbst. Auf einmal ist unklar geworden, wer sie sind und was sie können. In dieser Phase der Depression wird ein Teil unseres bisherigen Selbstbildes eingeschmolzen, um eine neue Form zu gewinnen.

Die *fünfte Phase* ist die **Zustimmung.**

In dieser letzten Phase des Vergebungsprozesses, und erst hier, erreicht ein Betroffener wieder eine Ebene beständigen inneren Friedens und innerer Ausgeglichenheit. Der Grund ist, dass er selber endlich den Bereich, den ihm die Kränkung schon entrissen hatte, loslassen konnte. Der im Neuen Testament am häufigsten für „vergeben" benutzte Begriff *ἀφίημι (aphiaemi)* hat sonst die Bedeutungen „wegschicken", „gehen lassen" oder juristisch: „jemanden aus einem Rechtsverhältnis entlassen". Mit dem strittigen Bereich, auf den sich die Kränkung bezog, kann endlich auch der Täter losgelassen werden. Betroffene verlieren in diesem Moment die letzten Hoffnungen auf Wiedergutmachung und Wiederherstellung des Ausgangszustandes, sind aber gleichzeitig auch den Täter los, an den sie diese Wünsche bislang noch gekettet haben.

Ein Mensch ist in dieser Phase bereit, Ansprüche und Besitzrechte aufzugeben, die er nicht mehr verteidigen kann. Er ist bereit, eine „Grenzbegradigung“ auf Kosten seiner Selbstausdehnung in Kauf zu nehmen.

Gleichzeitig kann er den neuen Zustand aber auch annehmen. Er kann sich mit dem verkleinerten Entfaltungsspielraum wieder identifizieren, auch wenn ihm die eine oder andere Möglichkeit in Bezug auf Ehre, Macht und Lust genommen wurde. Sein „psychisches Immunsystem“ reagiert nicht mehr allergisch auf die Narben der Verletzung, sondern erkennt diese jetzt als etwas Eigenes an. Sie werden in die neue Selbstdefinition mit einbezogen.

Und das bringt manchmal unerwartete Chancen mit sich. Vielleicht fällt Menschen, die schwere Kränkungen erlebt haben auf, dass sie gleichermaßen Betroffene viel besser verstehen können als andere und ihre Hilfe gerne in Anspruch genommen wird. Oder dass sie bestimmte Begabungen bisher völlig vernachlässigt haben, weil sie sehr einseitige Schwerpunkte gesetzt haben.

Alice Miller schildert in ihrem Buch „Das Drama des begabten Kindes“ (Miller 1983), wie Menschen, die in unberechenbaren und schwierigen Familiensituationen aufwuchsen, oft eine besondere Sensibilität für Gefühle und Stimmungsschwankungen entwickelt haben. Trotz der schweren und chronischen Kränkungen ihrer Kindheit gibt es viele Beispiele von erfolgreicher Bewältigung: wenn Menschen z. B. als Psychotherapeuten diese besonderen Fähigkeiten, die sie damals entwickeln mussten, zum Wohle vieler anderer einsetzen.

Ein unerwartet und unfair entlassener Manager, der bislang nur seine Arbeit kannte, entdeckt vielleicht zum ersten Mal, wie viel Freude er an seinen Kindern haben kann. Es gibt möglicherweise eine Zeit, wo er im Rückblick dankbar dafür ist, dass er auf diese Weise aus der Arbeit gerissen wurde, auch wenn er anfangs dachte, das würde er nicht überleben. Es war seine letzte Chance, sich mit den heranwachsenden Kindern anzufreunden, bevor sie das Haus verließen, und vielleicht auch, seine Ehe zu retten.

In der Phase der Zustimmung versöhnen sich Menschen mit ihrem Schicksal. Sie sehen wieder einen Sinn darin, mit den Fähigkeiten, Erfahrungen und Beziehungen, die ihnen jetzt zur Verfügung stehen, ihr weiteres Leben zu gestalten.

Ein inzwischen erfolgreicher Geschäftsmann hat seine jetzige Arbeit vielleicht nur begonnen, weil er die ständigen Kränkungen, die er als Künstler oder Musiker hinnehmen musste, nicht mehr aushielt – und umgekehrt.

Kränkung und Leid können der Anstoß zu wichtigen Richtungsänderungen werden. Was wir oft nicht glauben, bis wir dazu gezwungen werden, ist ja, dass es für jeden von uns gleichwertige oder bessere Lebensentwürfe gibt, wenn ein Weg verbaut ist. Manche grämen sich tatsächlich bis an ihr Lebensende und sehen sich dann darin bestätigt, dass ihnen „damals" alles kaputtgemacht worden ist. Menschen, denen eine Umorientierung gelungen ist, reden oft viel weniger darüber als die Frustrierten. Trotzdem gibt es unendlich viele positive Beispiele. Berühmt geworden ist Helen Keller (1880–1968), von der sich viele, die (mit Recht) meinten, ihr Schicksal sei zu beklagen, gerne entwaffnen ließen. Sie war blind und taub und machte ihr Leben zu einem großartigen Entwurf (Keller 1908).

Von dem Prozess der Vergebung ist übrigens auch praktisch jede Psychotherapie begleitet, es sei denn, sie beschränkt sich auf eine Verhaltensmodifikation im Hier und Jetzt. Eine erfolgreiche umfassendere Therapie ohne gleichzeitige Prozesse der Vergebung ist nicht möglich! Fast jede Psychotherapie beginnt damit, dass zwar ein Leiden da ist, um dessentwillen sie begonnen wurde, dass dem Betroffenen gleichzeitig aber die Ursachen verborgen sind (bei psychosomatischen Erkrankungen z. B.) oder er keinen Ausweg für sich sieht, auch wenn er bestimmte Probleme benennen kann. In jedem Fall verschleiern unbewusste Abwehrmechanismen wie Verdrängung oder Verleugnung den freien Blick auf die Lebensrealität und haben bisher erfolgreich jede Lösung verhindert. Erst in der Therapie werden Ängste und Wünsche deutlich, die bislang im Unbewussten warteten, und gleichzeitig auch die Gründe dafür, warum sie bisher nicht wahrgenommen werden durften. Es sind oft die frühen Bezugspersonen, die Betroffene in ihrer Kindheit dazu brachten, sich bestimmte psychische Überlebenstechniken anzueignen, die später ihr Leben deformiert haben. Es gilt oft mit sehr starken Gefühlen umzugehen, wenn das einem Menschen in seiner ganzen Tragweite zu Bewusstsein kommt. Oft erscheinen die aktuellen Konflikte, wegen derer ein Mensch die Therapie aufgesucht hat, dann nur noch als ein schwacher Widerschein dieser verdrängten, damals existenzbedrohenden Erfahrungen. Dann sind manchmal noch „Schicksalsschläge“ wie der Tod von engen Bezugspersonen, Armut oder Krieg hinzugekommen.

Es ist in der Psychotherapie nicht damit getan, Dinge bewusst zu machen und dadurch einige Verknotungen zu lösen. Es geht darum, dass mit all diesen Kränkungen, die ein Mensch erfahren hat, umgegangen werden muss.

Nur wenn ein Vergebungsprozess im geschilderten Sinn in Gang kommt, entsteht wirkliche Befreiung.

Nun folgt ein Vergebungsprozess allerdings nicht streng diesem Fünf-Phasen-Schema. Es kann sein, dass verschiedene Phasen parallel auftreten oder sich mehrfach abwechseln. Entsprechend sind dann zu verschiedenen Zeiten auch unterschiedliche Schritte der Vergebung möglich, vielleicht nur jeweils kleine Teilschritte. Trotzdem geht es im Laufe längerer Zeit immer um diesen Prozess, auch wenn er manchmal nicht bis zur fünften Phase gelangt. Für die Frage, wie lange es braucht, bis eine bestimmte Phase erreicht wird, spielen die Schwere der Kränkung und die Persönlichkeit des Geschädigten entscheidende Rollen. Deshalb ist es auch von außen nicht möglich, von jemandem einen Fortschritt im Vergeben einzuklagen. Ebenso bringen Selbstansprüche und Selbstanklagen nicht voran.

Andererseits gibt es verstehbare Zusammenhänge und verschiedene, ausführbare Schritte, die jeweils für die verschiedenen Phasen eines Vergebungsprozesses möglich sind. Vergebung wird dann leichter, wenn mir klar ist, dass das Ziel sich lohnt! Nur dann werde ich mich gerne darauf zubewegen, wenn ich verstanden habe, dass ich negative Gedanken, Hass und Grübeleien eintauschen kann gegen Versöhntheit mit mir, so wie ich nun einmal bin, einschließlich aller Narben und mit meinem Schicksal. Für einen Christen bedeutet das: mit Gott. Mein Leben kommt im Vergebungsprozess wieder in einen Balancezustand. Ich bin frei, neue Dinge anzufassen.

10. Und wie ist es mit meiner Schuld?

Diese Frage ist nicht das Hauptthema dieses Buches. Aber nachdem so viel von der Schuld der anderen die Rede war, drängt sich die Frage nach der eigenen Schuld auf. Einige kurze Gedanken dazu – weit entfernt von einem Anspruch auf Vollständigkeit – sollen in diesem Kapitel skizziert werden.

Es ist eine inzwischen schon alte Erfahrung, dass der Begriff Schuld, je länger man über ihn nachdenkt, desto komplizierter wird. Und die meisten Menschen haben es aufgegeben, sich den Kopf über etwas zu zerbrechen, das man doch nicht fassen kann. Das Thema der eigenen Schuld ist nicht allzu aktuell, stelle ich in meiner Umgebung fest. Ganz im Gegensatz zum Mittelalter übrigens, dessen Geistesgeschichte geradezu bestimmt von dieser Frage war.

Wollen wir heutzutage über das Thema reden, müssen wir uns zuallererst die Grundfrage stellen: Gibt es überhaupt die Schuld an sich, oder geht es immer um Schuldgefühle?

Nehmen wir die Ergebnisse der neueren Soziobiologie bzw. Ethologie (Verhaltensforschung), dann ist nicht mehr viel übrig geblieben an moralischen Verständnismöglichkeiten des Miteinanders verschiedener Individuen. Solange noch die Triebbefriedigung der hauptsächliche Schlüssel zum Verstehen von Verhalten war, gab es immerhin einige wenige Verhaltensweisen, die sich damit nicht erklären ließen, insbesondere der Altruismus. Damit ist gemeint, dass ein einzelnes Individuum sich für andere aufopfert, um diese zu schützen. Noch Konrad Lorenz gestand Tieren ein moralanaloges Verhalten zu. Inzwischen ist aber das Überleben der Gene zum Generalschlüssel des Verständnisses geworden. Damit ist auch der Altruismus erklärt: eine Einheit einer Spezies opfert sich für das Überleben des Gesamtgenoms, also schlicht ein gutes Geschäft, etwas vereinfacht gesagt (s. dazu Vogel 1988).

Wenn aber nun das, was bisher als moralisch hoch stehend angesehen wurde, biologisch halt zweckmäßig und von daher erklärt ist, entsteht die Frage, wie weit es denn überhaupt eine wissenschaftlich haltbare Begründung gibt für moralische Wertungen, für die Unterscheidung von „Gut" und „Böse", bzw. ob man als denkender Mensch überhaupt noch mit diesen Begriffen hantieren sollte.

Problematisch ist allerdings, dass das Überleben der Gene als Prämisse zwar fast alles erklären mag, dafür aber in sich keinen Sinn mehr ergibt. Wozu sollen denn die Gene überleben, wenn keiner mehr sagen kann, ob das gut ist oder schlecht? Wenn es keinen Maßstab mehr gibt, um moralische Urteile zu fällen, löst sich mit dem Schuldbegriff auch der Sinn jedes Handelns auf.

Noch eine weitere „objektive" Herangehensweise an die moralische Frage soll erwähnt werden, nämlich die Rechtsprechung. Dieser ging es allerdings nie um die Definition von Gut und Böse oder um eine Auseinandersetzung mit der Gesamtheit der Schuld. Sie interessiert sich für den Ausschnitt von Schuld, der das Zusammenleben von Menschen stört und dabei einen bestimmten Grad überschreitet – und seine Sanktionierung. In Bezug auf

Schuld beschränkt sich die Aufgabe der Jurisdiktion, etwas vereinfacht gesagt, darauf zu definieren, was bestrafenswert gemeinschaftsschädigend ist. Dabei kam man in verschiedenen Kulturen und Zeiten zu recht unterschiedlichen Ergebnissen, immerhin, es gab eine Festlegung.

Hier gibt es allerdings das Problem, dass diese im konkreten Einzelfall offensichtlich von unseren Empfindungen deutlich in beide Richtungen abweichen kann. Ein Autofahrer, der in einer ihm unbekannten Stadt eine Vorfahrtsregelung missversteht und deshalb einen Unfall verursacht, wird seine „Schuld" anerkennen, aber wenig empfinden. Ein Autofahrer, der einen gleich schweren Unfall verursachte, aber deshalb, weil er aus Übermut freihändig gefahren ist, wird wahrscheinlich wesentlich mehr Schuld empfinden, auch wenn es sich – was die juristisch erfasste Schuld angeht – um den gleichen Sachverhalt handelt. Falls Außenstehenden die Hintergründe der Unfälle bekannt werden, werden sie ebenfalls eine wesentlich größere Schuld bei dem Freihandfahrer sehen als bei dem Ortsunkundigen.

Sollte man Schuld dann pragmatisch als das Schuldgefühl definieren, das ein Mensch empfindet? Als subjektive Größe, unabhängig von objektiven Befunden zur Entstehung und zum Schweregrad?

Auch mit diesem Vorschlag bin ich nicht einverstanden.

Schuldgefühle sind nämlich sehr stark von der jeweiligen Persönlichkeit und gegebenenfalls auch von Erkrankungen abhängig. Und jeder Psychiater maßt sich an, in der Diagnostik eines Krankheitsbildes in etwa beurteilen zu können, ob Schuldgefühle angemessen, zu stark oder zu wenig ausgeprägt sind. Viele Krankheitsdiagnosen ließen sich gar nicht anders stellen. Das heißt, der Psychiater setzt – normalerweise ohne darüber nachzudenken – doch eine Art ungefähren „objektiven" Sollwert für Schuld ein, an dem er Schuldgefühle seiner Patienten misst.

So sind übertriebene Schuldgefühle eines der diagnostischen Hauptkriterien bei Patienten mit schweren Depressionen. Diese sind sehr oft davon überzeugt, ihre Familie durch gewissenlose Geldausgaben ins Unglück gebracht zu haben, das Eigenheim nicht mehr halten zu können, durch ihr schweres Fehlverhalten einen Bruch in der Familie herbeigeführt zu haben usw. Ein erfahrener Psychiater wird immer Angehörige hinzuziehen, um einen einigermaßen objektiven Eindruck zu bekommen. Und meistens stellt es sich dann heraus, dass die Selbstanschuldigungen und Grübeleien der Betroffenen entweder weit übertrieben oder völlig haltlos sind. Trotzdem bleiben sie lange unkorrigierbar. Gespräche und logische Gedanken helfen nur für Minuten, wenn überhaupt. Wirkliche Besserung tritt erst mit Abklingen der depressiven Phase ein, was heutzutage durch Medikamente sehr beschleunigt werden kann.

Manchmal wechselt das Krankheitsbild mit Abklingen der Depression für kurze Zeit in eine „hypomanische Nachschwankung", wo das Befinden nahezu das Spiegelbild der Depression bildet. Waren die Betroffenen vorher antriebslos, in der Stimmungslage gedrückt, grüblerisch und voller Schuldgefühle, wirken sie jetzt euphorisch und fühlen sich tatkräftig wie nie. In Bezug auf unser Thema ist aber besonders interessant, dass auch die Schuldgefühle nicht nur verschwunden sind, sondern von der Umwelt geradezu vermisst werden. Die Patienten geben Geld aus, das ihnen nicht gehört, leihen sich Sachen, ohne zu fragen, und essen, was sie herumstehen sehen, wenn es ihnen appetitlich vorkommt. Man hat diesen Zustand scherzhaft als „Urlaub vom Über-Ich“ bezeichnet. Meist dauert eine solche Nachschwankung nur kurz an und mündet in einen Normalzustand. Eine Manie bzw. manische Phase einer manisch-depressiven Krankheit ist stärker ausgeprägt (bis hin zum Wahn) und dauert länger.

Schuldgefühle haben auch eine wichtige Funktion in vielen neurotischen Fehlhaltungen, die auf unbewussten inneren Konflikten beruhen und nur einer Psychotherapie zugänglich sind.

Aber nicht nur in abgrenzbaren Krankheitszuständen ist das Schuldempfinden verschoben. Auch im Rahmen des „Normalen“ gibt es deutliche Unterschiede. Die depressive Persönlichkeit, die z. B. von Fritz Riemann plastisch beschrieben wird (Riemann 1982), neigt weit eher als andere Menschen dazu, Schuldgefühle zu entwickeln. Es geht immer um den Erhalt von Beziehungen aller Art, die Menschen dieses Typs keinesfalls gefährden wollen. Das führt zu viel Sensibilität und einer besonders guten Bindungsfähigkeit, aber oft auch zu einer mangelhaften Abgrenzungsfähigkeit und zu Schuldgefühlen, sich nicht genug um den anderen gekümmert zu haben.

Offensichtlich haben Schuldgefühle mit dem Wunsch zu tun, eine Beziehung zu erhalten, in einer Beziehung zu bleiben, sei es zu einer Einzelperson oder zu einer Gruppe. Schuldgefühle sind nicht zu verwechseln mit Angst vor Bestrafung. Sie treten sehr oft nach völlig legalen Handlungen auf.

Schuldgefühle hat z. B. ein Vater, wenn er entdeckt,

dass er in diesem Jahr kein einziges Mal mit seiner Familie in der Adventszeit gemütlich zusammengesessen hat. Er hatte es sich fest vorgenommen, aber immer hatte die Arbeit Vorrang. Schuldgefühle hat auch ein Kind, das seinen Eltern Geld aus dem Portemonnaie genommen hat. Oder eine Selbstständige, die das zweite Mal nicht zum Geburtstag ihrer Freundin geht, weil gerade wichtige Kundentermine sind. Oder ein Mann, der seine Eltern gerade in einem schlechten Altenheim untergebracht hat.

Schuldgefühle haben also offensichtlich in Beziehungen eine regulierende Funktion. Sie erinnern daran, über den eigenen Wünschen die Rechte der anderen nicht zu vergessen. Sie sind ein Warnsignal, das einem Menschen zeigt, dass er gerade dabei ist, aus Eigennutz den Rahmen des sozialen Miteinanders und Füreinanders zu verlassen.

Wo einem Menschen gar nichts an diesem gemeinsamen Rahmen liegt, entstehen auch kaum Schuldgefühle. Wenn es in einem Krieg Soldaten der einen Seite gelungen ist, ein Munitionslager der anderen Seite in die Luft zu sprengen oder einen Nachschubzug zu plündern, freuen sich alle diebisch. Objektiv gesehen ist es allerdings klares Unrecht, weil sie sich an Dingen vergriffen haben, die ihnen nicht gehören. Selbst wahllos Menschen zu töten löst in Kriegssituationen nachweislich oft kaum Schuldgefühle aus, insbesondere wenn es aus der Ferne geschieht. Gemeinsame Festlegungen von Feindbildern, die in der Gruppe ständig lebendig gehalten werden, verbunden mit Selbstidealisierungen, stützen das gute Gewissen und verhindern Unrechtsbewusstsein.

Trotzdem bringt jeder Krieg endlos viel Leid mit sich, meist für beide Seiten. Auch außerhalb der eigentlichen

Kampfhandlungen geschieht fast immer viel Unrecht wie Plünderungen, Erschießungen von Zivilpersonen, Vergewaltigungen und sinnlose Zerstörungen. Offensichtlich sind die Schuldgefühle der Verursacher aber ein schlechtes Messinstrument für das Unrecht, das sie tun. Manchmal sind sie gerade stolz auf Taten, die das Leben vieler Menschen zerstört haben, und werden dafür als Helden gefeiert.

Am Beispiel des Krieges wird aber Folgendes deutlich: Sobald wir gefühlsmäßig die Seite des Opfers oder der Opfer einnehmen, wird der Schuldbegriff wieder viel klarer, „griffig", wie es das Wort schon sagt. Das ist die Sichtweise, die dieses Buch bisher konsequent einhielt. Wenn wir selbst von Unrecht getroffen werden, spüren wir es sehr deutlich. Und in einer Vorab-These wurde bereits gesagt: Wer eine Schädigung erlitten hat, hat recht mit seinen Empfindungen.

Wir können also festhalten: Schuldgefühle sind ein wichtiges Warnsignal, wenn es darum geht, soziale Beziehungen zu erhalten. Sie sind aber wenig oder gar nicht verwertbar, wenn man von ihnen her tatsächlich verursachtes Unrecht in seiner Bedeutung einschätzen will. Sie können krankheits- oder persönlichkeitsbedingt verstärkt oder abgeschwächt sein, und sie treten kaum auf, wenn ein Mensch keinen Wert auf Beziehung zu den von ihm Geschädigten legt.

Trotzdem empfindet jedes Opfer – gleichgültig, in welcher Beziehung es zum Täter stand – deutlich, dass ein Unrecht geschehen ist, an dem der Täter „schuld" ist. Es besteht also oft ein deutliches Ungleichgewicht im Empfinden verursachter und erlittener Schuld.

Natürlich ist auch das Empfinden erlittener Schuld kein objektiver Maßstab. Wir haben schon gesehen, wie stark eigene Persönlichkeitsstruktur oder Schwachpunkte die Kränkbarkeit an einer bestimmten Stelle beeinflussen. Trotzdem: Das Ungleichgewicht, auf das wir hier gestoßen sind, besteht grundsätzlich.

Die Normallage wird von daher sein, dass ich mir mehr der Schuld bewusst bin, die andere an mir begangen haben, und weniger über die Schuld weiß, die ich selber verursacht habe. Wahrscheinlich muss das für Menschen, die relativ unbeschädigt durchs Leben kommen, auch lange so bleiben. Wer aber selbst zum Opfer einer ernsthaften Kränkung wurde und an sich selbst erlebt hat, welche zerstörerischen Folgen solch ein Übergriff anderer haben kann, hat die Chance, auch über die andere Seite zu lernen. Er weiß dann nicht nur, wie ein Opfer leidet, er weiß jetzt auch, was ein Täter tut.

Menschen reagieren sehr verschieden auf diese Situation. Wie für den Umgang mit Unrecht schon beschrieben, schlagen manche den Weg der Rache ein. Und das kann bedeuten, dass auch völlig Unschuldige in die Schläge mit einbezogen werden, die das ehemalige Opfer, das längst zum Täter geworden ist, jetzt austeilt. Ein nicht selten unter Handwerksmeistern gehörter Spruch ist: „Wie haben wir früher als Lehrlinge rangemusst, warum sollten die es heute besser haben!“, was dann in der Konsequenz bedeutet, dass sie ihre Auszubildenden im Befehlston herumscheuchen und ihnen möglichst viel Unwertgefühl vermitteln. Und das ein Berufsleben lang. Selber sind sie nur drei Jahre Lehrling gewesen. Es gibt auch Menschen, die genau gegenteilig reagieren. Die irgendwann beschließen: „So demütigend, wie jetzt mit mir umgegangen wird, möchte ich nie mit Menschen umgehen, wenn ich mal etwas zu sagen habe!“ – und das dann tatsächlich auch so machen. Viele der wirklich guten Meister, Lehrer, Hochschullehrer und Chefs sind Menschen, die selbst früher etwas ganz anderes erlebt haben. Aber sie haben ihre Chance genutzt, um sensibel zu werden für das, was von ihnen ausgeht. Für ihre eigenen Täteranteile. Sie gehen mit ihren Untergebenen und Mitmenschen so um, wie sie es sich früher für sich selbst gewünscht hätten – und auch immer noch wünschen. Das können sie deshalb in besonderer Weise, weil sie ihre Verletzungen nicht nur verarbeitet haben, also für sich den Prozess der Vergebung durchlaufen haben, sondern weil sie auch die besonderen Möglichkeiten nutzen, die ihnen ihr Gewordensein bietet. Sie versuchen nicht, ihre Narben zu verstecken, sondern sind zu einer überzeugenden neuen Selbstdefinition gekommen.

Es ist im Grunde genau das, was Jesus im Matthäusevangelium empfiehlt (Kap. 7,12), wenn er sagt: „Alles nun, was ihr wollt, dass euch die Menschen tun sollen, das tut ihr ihnen auch!“ Es ist wahrscheinlich die kürzeste und treffendste Definition dessen, was Menschsein im besten Falle bedeuten kann. Kant hat später den „kategorischen Imperativ“ daraus gemacht (Kant 1788) und die Volksweisheit den Spruch: „Was du nicht willst, das man dir tu, das füg auch keinem andern zu.“

Zurück zur Schuld: Schuld ist also kein scharf objektivierbarer Begriff. Das sollte in diesem Kapitel der Ausflug in biologisches und psychiatrisches Denken deutlich machen, aber auch das Nachdenken über das subjektive

Schulderleben von Menschen und ihren Umgang damit. Auch eindeutig quantifizierbar ist die Schuld nicht.

Über das Wesen der Schuld lerne ich am meisten aus meinen eigenen Opfer-Erfahrungen: wie zerstörerisch sie wirkt und wie sie Menschen über lange Zeiten binden kann.

Deshalb schlage ich hier einen Schuldbegriff vor, den man am ehesten als konstruktivistisch bezeichnen kann (s. dazu z. B. Watzlawick 1978). Wirklichkeit ist das, was wirkt. Und dass Schuld wirkt, wissen wir alle. Die meisten wissen viel darüber. Deshalb existiert sie.

Je mehr ich mich in meinem Leben auf Beziehungen einlasse, desto deutlicher werden mir auch meine Täteranteile. Und Menschsein heißt, Beziehungen zu pflegen. Nur in der Hinwendung zu anderen erfasse ich die Möglichkeiten, die mein Dasein bereithält. Für den Modus des Verstehens (Kap. 4) haben wir schon gesehen, wie sich in einer Partnerschaft eine einseitige Schuldverteilung fast immer auflöst, wenn beide beginnen, darüber zu reden. Beide erkennen neben ihren Opfer- auch ihre Täteranteile. Das Vergeben bleibt nicht mehr einseitig. Ich werde auch zum Menschen, der Vergebung braucht. Nur wo ich das vor mir selbst zugebe, ist es der Vergebung möglich, an mich heranzukommen. Wo ich mein ideales Selbstbild aufrechterhalte, werde ich den Gedanken der Vergebung abwehren bzw. ein Vergebungsangebot als unangebrachte Schuldzuweisung empfinden, wenn es mir gemacht wird.

Wenn mir Schuld aber in einer Situation klar ist, wie bekomme ich dann Vergebung? Anders gefragt: Gibt es Möglichkeiten, wie ich auf der Gegenseite, der Seite des Verletzten, den Vergebungsprozess beschleunigen kann?

Als jemand, der Vergebung möchte, begleite ich sozusagen den bisher dargestellten Vergebungsprozess im anderen. Von daher gilt für mich auch all das, natürlich unter umgekehrtem Vorzeichen, was bisher schon dazu gesagt wurde.

Ich kann Schaden begrenzen und eine Grundlage für Vergebung schaffen, indem ich Unrecht, das noch anhält, beende. Zum Beispiel indem ich aufhöre, jemanden auszunutzen, meine Arbeit anderen zuzuschieben, und Dinge zurückgebe, die mir nicht gehören.

So weit möglich, kann ich Schuld durch Wiedergutmachung verringern. Was ich materiell zerstört habe, kann ich ersetzen. Schwieriger ist es schon, falsche Beschuldigungen, die ich öffentlich ausgesprochen habe, auch öffentlich wieder zurückzunehmen, weil es Mut erfordert.

Ich kann dem anderen helfen, meine Motive zu verstehen, die mich zu dem Handeln gebracht haben, das ich jetzt als Unrecht erkenne – soweit sie mir selbst klar sind. Unter Umständen kann ich Unrecht, das von mir ausgeht, auch zum Anlass nehmen, dieser Sache bei mir auf den Grund zu gehen, um mich selbst besser zu verstehen. So suchen Mütter nicht selten an dem Punkt eine Therapie auf, wo sie ihre Kinder aus einem Impuls heraus, der ihnen selbst nicht klar ist, eindeutig misshandelt haben. Nur wer versteht, was da bei ihm abläuft, kann es in Zukunft anders machen.

Den Modus der Relativierung muss ich in der Regel dem anderen überlassen. Meist ist der vorangehende Streit schon davon bestimmt, dass jeder dem anderen Fehler nachweisen will, und so wird ein Opfer meines Handelns es wohl schwerlich als Hilfe zur Relativierung verstehen, wenn ich ihm seine eigenen Fehler aufzähle. Die Relativierung ist ein Akt der Selbsterkenntnis, den im Normalfall nicht der Täter anstoßen kann. In den weitaus meisten Fällen wird er damit genau das Gegenteil erreichen, dass der andere nämlich beginnt, seine Verteidigungsmauern wieder höher zu ziehen.

Und wie ist es mit der Delegation an eine höhere Instanz? In Bezug auf offizielle Institutionen ist das möglicherweise eine gute Idee. So könnte jemand, der Familienmitglieder in einer Erbschaftsangelegenheit übervorteilt hat, z. B. vorschlagen, dass ein unabhängiger Gutachter eingesetzt wird, der die Werte schätzen und eine gerechte Verteilung einleiten soll.

Bislang haben wir das Thema „Delegation" ja allerdings vorwiegend unter dem Aspekt verhandelt, dass es eine Möglichkeit für das Opfer bildet, auf Glaubensebene frühzeitig Entlastung zu finden. Eine Mitwirkung des Täters scheidet hier vollständig aus.

Eine andere Art von Delegation ist aber möglich, die für einen Täter einen ganz entscheidenden – auch gefühlsmäßigen – Unterschied herbeiführen kann. Wenn der Täter selbst einen Zugang zum Glauben hat, steht ihm die Möglichkeit offen, seine Schuld an Gott abzugeben. Das Alte und das Neue Testament sind voll von Einladungen dazu (s. Nehemia 9, 18; Psalm 32,1 u. 5; Jesaja 55,7, Lukas 5,21, Epheser 4,32 usw.). Wenn Schuld Wirklichkeit ist, wie oben besprochen, dann ist es von Bedeutung für einen Täter, ob er sie noch an sich tragen muss oder ob er sie in der Vergebung ablegen durfte.

Der Vergebungsprozess im zwischenmenschlichen Bereich muss genauso weiter durchlaufen werden wie vorher, nur mit dem Unterschied, dass der Täter seine Schuld los ist. Er ist nicht mehr davon abhängig, wann das Opfer in die Lage kommt zu vergeben, ob es vielleicht überhaupt einmal seinen „Schuldschein" loslassen kann. Wahrscheinlich kann er auch konstruktiver den noch anstehenden Vergebungsprozess unterstützen, wenn er den Rücken frei hat.

Im Zusammenhang mit der Relativierung war schon von der „Lebensschuld" die Rede, die den Hintergrund für das bilden kann, was ein Mensch konkret zu vergeben hat, wenn er sie sich hat vergeben lassen. Die Einladung der Bibel bezieht sich eben nicht nur auf einzelne benennbare Fehlhandlungen. Vielmehr meint sie genau all das, was sich im Laufe eines Menschenlebens an Situationen angehäuft hat und noch anhäufen wird, wo er der Täter war. Wie wir gesehen haben, sind wir uns dessen sehr oft nicht oder nicht im ganzen Umfang bewusst. Jeder Mensch ist darauf angewiesen, sehr viel von dem, was nicht mit seinem Selbstbild übereinstimmt, auf einer unbewussten Ebene zu verdrängen und zu verleugnen. In der Tiefenpsychologie ist das ein zentrales Thema. Und dazu gehört natürlich vor allem, dass er vermeiden muss, sich als Täter, als Verursacher von Traumatisierungen, wahrzunehmen. Auch das Wahrnehmen von Inkonsequenz, Feigheit und Korrumpierbarkeit würde manches Selbstbild zum Einsturz bringen, dürfte es denn ins Bewusstsein dringen. Vermeiden lässt sich diese doppelte Buchführung unserer Psyche aber gar nicht, wir funktionieren als Menschen so. Bestenfalls lässt sich dies und das durch Nachdenken, Selbsterfahrung und Willen zur Ehrlichkeit mit sich selbst ein bisschen zurückschrauben. Die theologische Frage, wie weit dieser Befund der ursprünglichen Bestimmung des Menschen entspricht, soll hier nicht erörtert werden. Es geht mir um eine Bestandsaufnahme. Sehr nahe kommt dem Problem, von dem hier die Rede ist, die „existenzielle Schuld“, von der die Daseinsanalytiker sprechen (s. z. B. Condrau 1964: Angst und Schuld als Grundprobleme der Psychotherapie). Damit ist die Summe dessen gemeint, was ich an positiven Gestaltungsmöglichkeiten, die in meiner Existenz angelegt waren, mir und anderen schuldig geblieben bin.

Es gibt dafür keine psychotherapeutische und auch keine philosophische Lösung. Es gibt nur eine religiöse Lösung in der Hinwendung zu Gott, der mich in meinem So-Sein annimmt, einschließlich der Gesamtheit meiner Schuld.

11. Vergebung als Lebenskunst

Als wir uns in Kapitel 9 mit der neuen Balance beschäftigt haben, in die Vergebung unser Leben bringen kann, wurde auch deutlich, dass es nur zum Teil mit unserem Willen zusammenhängt, wie schnell der Vergebungsprozess vorangeht. Bei den „Schritten zur Vergebung" kann jemand, der schwer verletzt wurde, selbst wenn er sich seine Kränkung eingestehen kann, willentlich zunächst nur bis zur Mitte des vierten Schrittes gelangen: sich nämlich die Frage stellen, ob es gut für ihn ist, den Zustand der Rache- und Hassgedanken weiter fortzuführen. Schon die Antwort darauf ist abhängig von einem inneren Wandlungsprozess, der eine gewisse Zeit braucht. Die Schwere der Kränkung und unsere Persönlichkeit aber sind Faktoren, die wir uns nicht aussuchen können. So kann es sein, dass wir über längere Zeit einen (vorläufigen) Gleichgewichtszustand ausschließlich auf der Ebene der Delegation erreichen, welche dann später in unserer Balance zunehmend weniger Gewicht haben muss, da andere Modi wie Wiedergutmachung, Relativierung oder Verstehen hinzukommen. Ein weiterer Faktor, der sich positiv auf Vergebung auswirkt, soll jetzt in diesem Kapitel genannt werden: unsere bisherige Erfahrung mit der Vergebung.

Das betrifft sowohl Schuld, die uns vergeben wurde, wo wir also aus der Täterperspektive die Entlastung durch Vergebung erlebt haben, als auch Situationen, wo wir vergeben haben, also die Auswirkungen der Vergebung auf uns als Gekränkte wahrgenommen haben. Die erstere

Situation hilft uns bei der Relativierung, die zweite ermutigt zur Vergebung generell.

Das Problem an der Vergebung ist ja, dass sie paradoxes Handeln erfordert. Erst dadurch, dass ich loslasse, eröffne ich mir die Möglichkeit, mehr und Besseres zu bekommen. Ich muss mich zuerst einmal überwinden, die Hoffnung fallen zu lassen, doch noch irgendwann das zu bekommen, worauf ich einen Anspruch zu haben meine und die ganze Zeit warte. Vielleicht muss ich auch die Hoffnung auf eine Rückkehr in den Zustand vor der Kränkung oder auf Wiedergutmachung begraben.

Wer aber bereits positive Erfahrungen gemacht hat, wird das nächste Mal eher glauben, dass es sich lohnt. Ein Mensch, der bereits erlebt hat, wie befreiend sich Vergeben auswirken kann, wird immer weniger bereit sein zuzulassen, dass Kränkungen ihm über lange Zeit hinweg immer wieder Zeit stehlen, Energie nehmen und die Stimmung verderben. Und wo der Weg des Verstehens beschritten wird, lernt er sich selbst auch immer besser kennen. In einer schon länger dauernden, funktionierenden Ehe lässt sich das gut beobachten. Selbst wenn einer der Partner auf den ersten Blick noch so unverständlich und verletzend agiert, wird der andere kaum mehr davon ausgehen, dass dieser allein Schuld hat an dem entstandenen Konflikt, bzw. wird versuchen zu verstehen, was den anderen zu dieser massiven Äußerung gebracht hat. Er wird fast davon ausgehen, dass es eine Reaktion auf vorangehende Entwicklungen in der Beziehung sind.

Vergebungsfähigkeit lässt sich entwickeln.

Es beginnt damit, dass ich ein feineres Gespür dafür bekomme, wo mich eine Situation immer wieder verletzt.

Ich kann dann Grenzen setzen oder gegebenenfalls die Situation beenden. Das beginnt im ganz Alltäglichen. Eine Hausfrau stellt vielleicht fest, dass sie sich gedemütigt fühlt, wenn alle Familienmitglieder ihre schmutzigen Schuhe einfach im Flur herumliegen lassen. Nun kann sie weiter stillschweigend putzen und aufräumen, wird aber auch feststellen, dass sie sich immer wieder ärgert, dumm vorkommt und manchmal auch an ziemlich unpassenden Stellen aggressiv reagiert. Das versteht dann wiederum keiner, und sie hat hinterher auch noch Schuldgefühle. Sie kann sich aber auch entscheiden, die Situation durch klare Regeln zu begrenzen oder zu beenden. Dasselbe gilt für Konstellationen am Arbeitsplatz oder in der Ausbildung. Zugegeben, man kann nicht alles ändern. Aber wenn Sie eine kränkende Situation identifiziert haben und klar benennen können, lässt sich weit mehr daran ändern, als die meisten Menschen glauben. Sie haben es nicht nötig, über längere Zeit unter Umständen zu leben, die Sie als entwürdigend wahrnehmen!

Zu einer inneren Balance kann ich nur gelangen, wenn ich diese Voraussetzungen zur Vergebung hergestellt habe. Aber auch dann sollte ich mir nicht mehr als nötig zutrauen, wie schon im Kapitel 6.1. über Wiedergutmachung gesagt. Wenn ich die „Vergebungsmasse“ verkleinern kann, indem ich auf Wiedergutmachung, die mir zusteht, bestehe, sollte ich dies nutzen. Es gibt trotzdem noch genug zu tun.

Der Vergebungsprozess, den die übrig gebliebene Kränkung durchlaufen muss, kann ich durch Bemühen um Verstehen fördern und indem ich mir eigene Tätersituationen vor Augen führe, in denen ich Vergebung brauchte (Relativierung).

In Kapitel 9 haben wir definiert, dass Vergebung bedeutet, einen neuen Gleichgewichtszustand einzuleiten, indem ich ein verändertes Selbstbild akzeptiere.

Je öfter ich vergeben habe, desto deutlicher wird mir aber auch, dass ich mich in all den Begegnungen und Situationen meines Lebens in einem fortgesetzten Wandlungsprozess befinde (vgl. Deichgräber 1997 u. 1999). Vergebung leitet mich dahin, diesen ständigen Wandlungsprozess zu bejahen.

Umgekehrt könnte man den Zusammenhang auch ausdrücken: Wenn ich den Wandlungsprozess wahrnehme, fällt es mir leichter zu vergeben.

Ich sollte das noch etwas erklären.

Im Laufe unseres Lebens lassen wir immer wieder Dinge, Menschen, Wissen und Hoffnungen los, um uns allerdings auch immer wieder neuen Dingen, neuen Menschen und Hoffnungen zuzuwenden und neues Wissen zu erwerben.

Bis über die Lebensmitte hinaus leben die meisten Menschen in dem Gefühl, dass sie zwar einiges auch wieder hergeben müssen (wer kann schon noch alle Mathematikaufgaben seiner Schulzeit lösen oder seine 100-m-Zeit von damals unterbieten), aber dass es doch insgesamt immer um einen Wachstums- und Erweiterungsprozess geht. Mindestens die Bereiche Besitz und Ehre nehmen zu, wenn auch die Lust zeitlich etwas knapp gehalten wird. Sie wird dafür in materiellen Wunscherfüllungen oder in teuren Kurzurlauben ausgetobt. Wie schon gezeigt, unterstützt diese Erweiterung eher die Kränkbarkeit.

Was oft lange verdrängt wird, ist die Tatsache, dass sich diese Linie nicht endlos verlängern lässt. Auf die Zunahme folgt die Abnahme.

Menschen bekommen die eine oder die andere Krankheit, die Kinder gehen aus dem Haus, im Berufsleben merken sie plötzlich, dass in ihrem Alter kaum noch ein neuer Job zu kriegen ist oder dass sie mehr Probleme mit dem neuen Computerprogramm haben als die jüngeren Mitarbeiter. Die Pensionierung ist dann oft ein als radikal erlebter weiterer Einschnitt in den Bereich, über den sich ein Mensch bisher definiert hat. Zumindest ein großer Teil der Macht ist plötzlich weg. Die weitere Geschichte kennen wir alle: die Krankheiten nehmen zu, irgendwann erfolgt der Umzug aus der komfortablen Wohnung ins Altenheim, zuletzt auf die Pflegestation, und schließlich folgt der Abschied von buchstäblich allem, was sich bis dahin noch hat durchretten lassen.

Selbst viele alte Menschen versuchen, diese Wahrheit so lange wie möglich auszublenden. Da gibt es die ewig Jungen, die mit Ende 70 noch ein Studium beginnen (wogegen nichts einzuwenden wäre, wenn es nicht so oft dem Verdrängen diente), und da gibt es die Verbitterten. Verbittert sein heißt aber: immer noch festhalten, immer noch meinen, es sei entscheidend für das eigene Leben, eine narzisstische Scharte doch noch auswetzen zu können, den krampfhaft festgehaltenen Schuldschein doch noch einlösen zu können. Wer alt und verbittert ist, hat ausgeblendet, dass er bald buchstäblich alles abgeben muss.

In der Bibel findet sich der Ausspruch: „Lehre uns bedenken, dass wir sterben müssen, auf dass wir klug werden“(Psalm 90,12). Ich denke, da ist gerade in Bezug auf unser Thema viel dran. Zum Leben gehört nicht nur das Aufbauen und Erweitern, zum Leben gehört auch das Loslassen. Das eine will gelernt sein, und das andere will gelernt sein (vgl. Grün 1980). Etwas erstaunlich ist, finde ich, dass all unsere Bildungseinrichtungen fast ausschließlich auf das erstere Lernen hin ausgerichtet sind. Vielleicht haben in Bezug auf das Loslassen-Lernen am ehesten die Kirchen eine Funktion gehabt. Aber früher haben sie diese oft missbraucht, und heute haben sie weithin nur noch wenig Bedeutung.

Trotzdem: Es ist die zweite Richtung, in die wir lernen müssen, wenn wir erfassen wollen, was Menschsein bedeutet.

Es ist etwas Gutes, wenn wir unseren Kindern beibringen abzugeben, vielleicht auch an Menschen zu spenden, die sie gar nicht kennen. Und zwar nicht nur deshalb, weil soziales Verhalten überhaupt wünschenswert ist, sondern auch um des Loslassens willen.

In der Vergebung erfahren wir Erleichterung und innere Ausgeglichenheit, aber wir lernen auch über einen Punkt, der uns Menschen wesentlich ausmacht: dass wir auch wieder hergeben müssen, dass wir nichts ewig halten können und dass wir immer in Wandlung begriffen sind.

Nun gibt es hier allerdings noch ein Problem.

Als wir über die Vergebung gesprochen haben, war immer die Rede davon, durch diesen Akt des Vergebens wieder frei zu werden für Besseres. Grübeleien z. B. einzutauschen gegen kreative Möglichkeiten. Was ist denn nun aber, wenn es letztlich um das Loslassen überhaupt geht? Da gibt es ja offensichtlich im Laufe des Lebens immer weniger Positives einzutauschen.

Diese Schlussfolgerung lässt sich nicht vermeiden – jedenfalls auf der Ebene der Erweiterung des Selbst über Ehre, Besitz und Lust, wie in Kapitel 2 besprochen. Die insgesamt besetzte Fläche wird hier im späteren Leben immer kleiner und strebt letztlich gegen null. Auch in den vorigen Kapiteln wurde nicht vollständig geklärt, was denn nun das Bessere sein könne, das gegen die narzisstischen Verluste eingetauscht werden könne.

Die Lösung liegt darin, dass das von den Kränkungen betroffene Gebiet nicht unsere ganze Existenz ausmacht.

Erich Fromm schlägt in seinem Buch „Haben oder Sein" (1976) die Unterscheidung eben dieser beiden Existenzweisen vor. Das *Haben* umschreibt ziemlich genau den besprochenen Bereich der narzisstischen Selbstausdehnung. Ich definiere mich von bestimmten Dingen her, die ich kann, weiß und besitze. Natürlich bin ich da auch verletzlich, da sie mir streitig gemacht werden können.

Das *Sein* wird als eine Existenzweise beschrieben, die immer nur angestrebtes Ziel sein kann. Sein findet nur im Hier und Jetzt statt und bedeutet für einen Menschen, durch die Oberfläche der Dinge zu dringen und eine tiefere Wirklichkeit zu erfassen. Er nutzt die „Kräfte der Vernunft, der Liebe, des künstlerischen und intellektuellen Schaffens", die ihm in Wahrheit zur Verfügung stehen, nur meist durch das Habenwollen an den Rand gedrängt waren. Er lässt sie wachsen, indem er sie anwendet: „Was man gibt, verliert man nicht, sondern im Gegenteil, man verliert, was man festhält" (S. 109). Im Sein „erweckt" der Mensch „alles zum Leben, was er berührt". Sein ist ein beglückender „Prozess stetig wachsender Lebendigkeit". „So bewusst und intensiv zu leben, wie man kann, ist so befriedigend, dass die Sorge darüber, was man erreichen oder nicht erreichen könnte, gar nicht erst aufkommt" (S. 164).

Dieser von Fromm dargestellte Zustand – er schrieb sein Buch zudem unter gesellschaftspolitischer Perspektive – wird immer ein Ideal bleiben. Aber allein das Wissen darum, dass es noch etwas anderes gibt als die Vergrößerung unseres Reviers in gesellschaftlich vorgeschriebenem Zeittakt und nach den allgemein verbreiteten Normen der Haben-Kultur, kann dieser einen Teil ihrer Macht nehmen. Es kann uns hier und da wieder ermöglichen, ganz im Augenblick zu leben.

Der amerikanische Psychologe Csikszentmihalyi hat in seinen umfangreichen Forschungen darüber, wann Menschen eigentlich glücklich sind (s. Csikszentmihalyi 1992 u. 1999) herausgefunden, dass es vor allem diejenigen Zeiten sind, wo sich ein Mensch in eine herausfordernde Aufgabe verlieren kann und darüber sich selbst vergisst. „Flow" nennt er diesen Zustand. Dabei ist es gleich, in welchem Gebiet diese Aufgabe liegt. Auch was Menschen als Herausforderung empfinden, ist individuell sehr verschieden. Es sind aber im Gegensatz zu den verbreiteten Ziel- und Wunschvorstellungen nur wenig die teuren Urlaube, das Faulenzen oder die Gehaltssteigerung, die zum Glück eines Menschen beitragen.

Irgendwo tragen die meisten von uns auch dieses Wissen in sich, jedenfalls theoretisch. Zum Beispiel wird kaum jemand daran zweifeln, dass Mutter Teresa ein erfülltes Leben hatte. Erklären lässt sich das aber eigentlich nur im oben genannten Sinne, oder?

Martin Buber trifft in seinem wichtigen Buch „Ich und Du" (Buber 1962) eine Einteilung der menschlichen Daseinszustände, die der Erich Fromms in vielem nicht unähnlich ist. Im Beschreiben des „Seins" gelingt ihm aber in einer aufregenden Weise eine Konkretion. Deshalb möchte ich seine Sicht hier kurz skizzieren.

Buber beschreibt zwei „Grundworte“, in denen ein Mensch sich bewegen kann. Das eine davon ist das Ich-Es. Damit ist gemeint, dass ich den Dingen und Menschen objektivierend entgegentrete. Ich zähle, analysiere, kategorisiere, teile ein. Die Daseinsform des Ich-Es ist von Grenzen bestimmt, die es zwischen all den verschiedenen Kategorien, Besitzrechten, Zahlen gibt. Im Ich-Es bemächtige ich mich der Dinge und Menschen. (Die Ähnlichkeit zum „Haben“ Fromms ist deutlich.)

Das andere Grundwort, in dem sich ein Mensch bewegen kann, das ihn ausmachen kann, ist das Ich-Du. Ich-Du sprechen heißt, in Beziehung treten. „Stehe ich einem Menschen gegenüber und spreche Ich-Du“, sagt Martin Buber, „ist er kein Ding unter Dingen mehr“ (a. a. O., S. 12). Er ist kein Bündel von Eigenschaften mehr. Auf einmal „füllt er nachbarnlos meinen Horizont aus“. So wie ich in einer Melodie nicht die einzelnen Töne höre, in einem Gedicht nicht die einzelnen Buchstaben und in einem Bild nicht die einzelnen Linien sehe, so geht es mir mit dem Menschen, zu dem ich DU sage. „Wenn Ich-Du geschieht, ist das mehr, als Ich-Es je weiß und wissen kann.“ Ich-Du ist „die Wiege des wirklichen Lebens“ (a. a. O., S. 13).

Worauf Buber hier großen Wert legt, ist die Tatsache, dass das Ich-Es, das Versachlichen und Instrumentalisieren, das unsere Welt weithin prägt, nur im Ich-Du übersprungen werden kann. Der transzendentale Akt, den das Ich-Du bildet, gelingt nur in der Beziehung. Nur hier wird auf einmal eine Gesamtsicht möglich, ein tieferes

Verstehen all der Dinge, die ich vorher benennen und zusammenrechnen konnte. Ich kann sie ja auch weiter benennen und berechnen, aber in diesem Moment, im Hier und Jetzt des Ich-Du verstehe ich auch. Ich bin so ganz ich selbst, wie sonst nie, und kann mich gleichzeitig selbst vergessen. Der Raum des Ich-Du ist alles, was zählt.

Solche Ich-Du-Erlebnisse können uns Menschen in dreifacher Form begegnen, schreibt Buber. Zum einen den Dingen gegenüber. Ich kann z. B. einen Baum chemisch analysieren, seine Blattform beschreiben oder seine Größe berechnen – es kann aber auch passieren, dass ich (in einem Ich-Du-Moment) das Wesen dieses Baumes erfasse. Dass ich einen glücklichen Moment lang nichts anderes will, als diesen Baum betrachten, der mir in seiner Gesamtheit gegenübertritt.

Ich-Du kann zweitens Menschen gegenüber stattfinden. Da kann es zum Geben und Nehmen werden, die Sprache steht uns offen.

Und drittens kann sich Ich-Du Gott gegenüber ereignen. „Wir vernehmen kein Du und fühlen uns trotzdem angerufen, wir antworten – bildend, denkend, handelnd: wir sprechen mit unserem Wesen das Grundwort, ohne mit unserm Munde Du sagen zu können“ (a. a. O., S. 10).

Ich-Du ist das Grundwort, das Menschen die Transzendenz ermöglicht – nämlich des Ich-Es. Der Weg, den Buber aus der Betriebsamkeit des Ich-Es zeigt, dem Gefangensein im Analysieren, Erobern und Beherrschenmüssen, liegt in der Beziehung. Dort, wo ich die Schöpfung, wo ich Menschen meinen Horizont ausfüllen lasse, wo ich mich selbst vergesse, dort verstehe ich auf einmal den anderen und mich. Ich entdecke Sinn in den vielen Zeichen, die ich vorher kategorisiert habe, so, als ob sich mein Leben im Ich-Es auf einer Fläche abgespielt hat, zu der auf einmal die Vertikale hinzutritt und ganz neue Räume öffnet.

Wenn sich mir in Gott auch das dritte Ich-Du erschlossen hat, habe ich schon einen Schritt über diese Welt hinaus gemacht. Diese Beziehung kann mich auch dann tragen, wenn ich meine Ansprüche auf der Ich-Es-Ebene eines Tages vollständig aufgeben muss.

Wenn ein Mensch lernt, Kränkungen und Einbußen auf dem Feld des Habens, des Ich-Es zum Anlass zu nehmen, sich der Dimension des Ich-Du zu öffnen, bekommen diese einen ganz neuen Sinn. Das veränderte Selbstbild, von dem in unserer Definition der Vergebung die Rede war (Kap. 9), bedeutet dann nämlich nicht ein kleineres und ärmeres Selbst. Stattdessen bedeutet es, wirklich zu verstehen, wer ich bin und wer ich sein kann: ein Du für Schöpfung, für Menschen und für Gott. Wenn auch der Raum, den ich auf der Fläche des Materiellen zugestanden bekomme und beanspruche, tatsächlich immer weiter abnimmt. Älterwerden bedeutet in dieser Sicht nicht weniger Qualität, sondern mehr – wenn ich mich denn nicht im Festhalten verkrampfe, sondern loslassen kann, wenn sich Ich-Es in Ich-Du verwandeln darf.

Vergebung ist auf diesem Hintergrund mehr als die Lösung für ein bedrängendes Problem. Sie dient der Einübung einer Fähigkeit, die jeder Mensch braucht – je älter er wird, desto mehr. In der Vergebung übe ich das Loslassen. Ich lerne, das Haben, das Ich-Es zu überschreiten zum Ich-Du.

Literatur

Aristoteles (1969): Nikomachische Ethik. Stuttgart: Reclam 1969. Bibliografisch ergänzte Ausgabe 2003.

Boom, Corrie ten (1979): Die Zuflucht. Wuppertal: R. Brockhaus, 3. Aufl.

Buber, Martin (1962): Ich und Du. In: Das Dialogische Prinzip. Gerlingen: Lambert Schneider, 6. durchges. Aufl. 1992.

Condrau, Gion (1964): Angst und Schuld als Grundprobleme der Psychotherapie. Bern u. a.: Huber.

Csikszentmihalyi, Mihaly (1992): Flow: Das Geheimnis des Glücks. Stuttgart: Klett-Cotta.

Csikszentmihalyi, Mihaly (1999): Lebe gut! Stuttgart: Klett-Cotta.

Deichgräber, Reinhard (1997): Und unterwegs wirst du ein anderer Mensch. Vom Wunder der Wandlung. Gießen: Brunnen.

Deichgräber, Reinhard (1999): Stufen des Glaubens – Stufen des Lebens. Gießen: Brunnen.

Donsbach, Helmut (1996): Vergeben ... nicht nur eine Frage des guten Willens. Gießen: Brunnen.

Eibl-Eibesfeld, Irenäus (1970): Liebe und Hass. Zur Naturgeschichte elementarer Verhaltensweisen. München: Piper (Serie Piper 113, 1976).

Frankl, Victor (1977): ... trotzdem Ja zum Leben sagen. Ein Psychologe erlebt das Konzentrationslager. München: Kösel u. München: Deutscher Taschenbuch Verlag, 1996.

Freud, Sigmund (1932): Warum Krieg? Brief an Albert Einstein. In: Freud, Sigmund, Studienausgabe (Hg. Mitscherlich, A.; Richards, A.; Strachey, J.), Band IX, S. 271–286. Frankfurt am Main: S. Fischer, 2000.

Fromm, Erich (1976): Haben oder Sein. Stuttgart: Deutsche Verlags-Anstalt u. München: Deutscher Taschenbuch Verlag, 1979.

Goethe, Johann W. (1795): Wilhelm Meisters Lehrjahre. Frankfurt am Main: Insel, Neuaufl. 1980.

Grabe, Martin (2003): Trauer und Depression. Vom Umgang mit Grenzerfahrungen. Marburg: Francke.

Grün, Anselm (1980): Lebensmitte als geistliche Aufgabe. Münsterschwarzach: Vier-Türme-Verlag.

Heigl-Evers, Anneliese; Heigl, F.; Ott, J.; Rüger, U. (1997): Lehrbuch der Psychotherapie. 3., überarb. Aufl. Lübeck, Stuttgart, Jena, Ulm: G. Fischer.

Heigl-Evers, Anneliese; Ott, Jürgen (Hg.) (1994): Die psychoanalytisch-interaktionelle Methode. Göttingen: Vandenhoeck und Ruprecht.

Hesse, Hermann (1972): Das Glasperlenspiel. Berlin, Frankfurt/Main: Suhrkamp.

Kant, Immanuel (1788): Kritik der praktischen Vernunft. Riga: Hartknoch u. Frankfurt am Main: Suhrkamp 1998.

Keller, Helen (1908): Meine Welt. Stuttgart: Lutz u. Hamburg: Luchterhand 1992.

Kreisman, Jerold; Straus, H. (1992): Ich hasse dich – verlaß mich nicht. München: Kösel.

Kübler-Ross, Elisabeth (1971): Interviews mit Sterbenden. Stuttgart: Kreuz u. München: Droemersche Verlagsanstalt, Neuaufl. 1999.

Lagerlöf, Selma (1975): Die schönsten Legenden. München: Nymphenburger Verlagshandlung u. München: Deutscher Taschenbuch Verlag 1978.

Milch, Wolfgang; Hartmann, H.-P. (1996): Zum gegenwärtigen Stand der psychoanalytischen Selbstpsychologie. Psychotherapeut 41, 1, S. 1–12.

Miller, Alice (1983): Das Drama des begabten Kindes. Frankfurt am Main: Suhrkamp.

Moeller, Michael L. (1992): Die Wahrheit beginnt zu zweit. Reinbek bei Hamburg: Rowohlt.

Pfingsten, Ulrich; Hinsch, R. (1991): Gruppentraining sozialer Kompetenzen (GSK). Weinheim: Psychologie-Verlags-Union, 2., überarb. Aufl.

Rapoport, Anatol (1976): Kämpfe, Spiele und Debatten. Darmstadt: Verlag Darmstädter Blätter.

Riemann, Fritz (1982): Grundformen der Angst: eine tiefenpsychologische Studie. München, Basel: E. Reinhardt.

Rieth, Eberhard (1981): Alkoholkrank? Bern: Blaukreuz-Verlag, 7., erweitert. Aufl.

Tausch, Reinhard (1989): Lebensschritte, Umgang mit belastenden Gefühlen. Reinbek bei Hamburg: Rowohlt.

Tausch, Reinhard (1993): Verzeihen: Die doppelte Wohltat. Psychologie heute 4, S. 20-26.

Thielicke, Helmut (1984): Zu Gast auf einem schönen Stern. Hamburg: Hoffmann und Campe.

Vogel, Christian (1988): Gibt es eine natürliche Moral? Oder wie widernatürlich ist unsere Ethik? In: Meier, H. (1988): Die Herausforderung der Evolutionsbiologie. München: Piper.

Watzlawick, Paul (1978): Wie wirklich ist die Wirklichkeit? München, Zürich: Piper.

Weingardt, Beate (2000): „... wie auch wir vergeben unseren Schuldigern“. Stuttgart, Berlin, Köln: Kohlhammer.

Willi, Jürg (1975): Die Zweierbeziehung. Reinbek bei Hamburg: Rowohlt.

Wolf, E. S. (1988): Treating the self. Elements of clinical self psychology. New York: Guilford Press.

Wolf, E. S.; Ornstein, A.; Ornstein, P.; Lichtenberg, J. D.; Kutter, P. (1989): Selbstpsychologie: Weiterentwicklungen seit Heinz Kohut. München, Wien: Verlag Internationale Psychoanalyse.

Weitere Bücher von Martin Grabe

Zeitkrankheit Burnout
Warum Menschen ausbrennen und was man dagegen tun kann
ISBN 978-3-86827-350-2
96 Seiten, gebunden

Burnout – eine Zeiterscheinung auf dem Weg zur Volkskrankheit. Meistens trifft sie den, der nicht damit gerechnet hätte – vor lauter Überbeschäftigung. Gerade die Idealisten, die sich voller Verantwortungsgefühl in die Arbeit stürzen, sind besonders gefährdet.
Wie läuft diese Störung ab, wie erkennt man Frühsymptome und wie betreibt man sinnvoll Vorsorge für sich und andere?
Lebens-Wichtige Informationen für Sie, denn Burnout ist nicht irgendeine Krankheit. Unsere Gesundheits- und Lebensorganisation als Ganzes steht zur Debatte – es lohnt sich, etwas Zeit in dieses Thema zu investieren!

Die Alltagsfalle
Warum es sich lohnt, über den Sinn des Lebens nachzudenken
ISBN 978-3-86827-348-9
64 Seiten, Paperback

Vielleicht haben Sie momentan eigentlich zu viel zu tun, um noch so ein Büchlein wie dieses zu lesen – dann stecken Sie wahrscheinlich schon mittendrin: in der Alltagsfalle. Wenn Sie weiterlesen sollten, dann würden Sie und ich – als Leser/In und Autor – uns gemeinsam auf ein ziemlich gewaltiges Thema einlassen: den Sinn des Lebens. Wie ich in Gesprächen immer wieder merke, gibt es dazu einige wirklich hilfreiche Dinge zu sagen ...

Post aus Äthiopien
Brautbriefe einer Afrikamissionarin
ISBN 978-3-86122-956-8
192 Seiten, Paperback

Elisabeth Peters (1903-1936) war ein begeisterter und begeisternder Mensch. In ihren Briefen schildert sie, wie sie früh ihre Berufung für die Mission entdeckt und ihrem Verlobten in den Einsatz nach Äthiopien folgt. Einen ganz besonderen Glanz gewinnen ihre Berichte, als sie von ihrer ebenso zarten wie ungewöhnlichen Liebesgeschichte erzählen. Gott holt sie schon mit 32 Jahren aus diesem Dienst heraus, sie stirbt an einem Tropeninfekt. Doch sie hat bereits einen ganz besonderen Segen in Gang gesetzt: Aus der Arbeit ihres Missionsteams entsteht die Mekane Yesus Kirche, zu der heute etwa 3,6 Mio. Christen gehören. Ihre Briefe ermutigen zur Klarheit im Leben und wecken neue Freude am Glauben.

Weitere Ratgeber von FRANCKE

Gary Chapman / Jennifer Thomas
Die fünf Sprache des Verzeihens
Die Kunst, wieder zueinander zu finden
ISBN 978-3-86827-134-8
288 Seiten, Paperback

„Wie oft soll ich denn noch sagen, dass es mir leidtut?"

Jeder macht mal einen Fehler. Doch manchmal reicht ein „Tschuldigung" als Reaktion nicht aus. Unsere Beziehungen werden umso stabiler, je konsequenter wir bereit sind, um Vergebung zu ringen.
Fünf verschiedene Sprachen stehen uns dafür zur Verfügung – heilende Worte und praktische Taten, die neue Brücken schlagen in das verwundete Herz unseres Gegenübers: Doch wie kommt meine Entschuldigung beim anderen auch wirklich an? Indem ich mein Bedauern ausdrücke, Schuld eingestehe, Wiedergutmachung anbiete, Besserung gelobe oder Vergebung erbitte? Entdecken und sagen Sie den Satz, auf den der andere so sehr wartet.
Mithilfe dieses Buches wird sich Ihr Wortschatz rapide erweitern!